철학자는 이렇게 말했다

철학자의 사고의 궤적을
따라가는 서양 철학 강의

철학자 는 이렇게 말했다

철학·철학자와
가까워지는
입문서

플라톤

마르틴 하이데거

소크라테스

시몬 베유

미토마 다미오 지음
김수정 옮김

시그마북스
Sigma Books

철학자는 이렇게 말했다

발행일 2025년 11월 5일 초판 1쇄 발행
지은이 미토마 다미오
옮긴이 김수정
발행인 강학경
발행처 시그마북스
마케팅 정제용
에디터 최윤정, 양수진, 최연정
디자인 정민애, 강경희, 김문배

등록번호 제10-965호
주소 서울특별시 영등포구 양평로 22길 21 선유도코오롱디지털타워 A402호
전자우편 sigmabooks@spress.co.kr
홈페이지 http://www.sigmabooks.co.kr
전화 (02) 2062-5288~9
팩시밀리 (02) 323-4197
ISBN 979-11-6862-421-4 (03100)

TETSUGAKUSHA NO "KANGAEKATA" NO TSUBO GA WAKARU SEIYOUTETSUGAKUKOUGI
© TAMIO MITOMA 2025
Originally published in Japan in 2025 by BERET PUBLISHING CO., LTD.,TOKYO
Korean Characters translation rights arranged with BERET PUBLISHING CO., LTD.,TOKYO,
through TOHAN CORPORATION, TOKYO and EntersKorea Co., Ltd., SEOUL.

이 책의 한국어판 저작권은 (주)엔터스코리아를 통해 저작권자와 독점 계약한 시그마북스에 있습니다.
저작권법에 의하여 한국 내에서 보호를 받는 저작물이므로 무단전재와 무단복제를 금합니다.

파본은 구매하신 서점에서 바꾸어드립니다.

* 시그마북스는 (주)시그마프레스의 단행본 브랜드입니다.

들어가며

❋ **내가 존재한다**는 것

> 우리는 어디서 왔는가? 우리는 무엇인가? 우리는 어디로 가는가?

19세기 프랑스 화가 고갱(1848-1903)이 만년에 남긴 대작의 제목입니다. 철학을 이제 막 배우려는 여러분은 철학을 어떻게 상상하고 있나요? 막연히 철학을 이 같은 질문에 답을 줄 수 있는 학문이라고 생각하고 있지 않나요? 저 또한 대학에 입학할 당시에는 철학이라는 학문을 통해 무언가 심오한 답을 찾아낼 수 있으리라 기대했습니다.

그런데 막상 철학책을 펼쳐 보니, 이 책의 제1부에서 다루게 될 헤겔의 『형이상학』에 나오는 것과 같은 독특한 용어들로 도무지 무슨 뜻인지 짐작도 가지 않는 내용들이 쓰여 있었습니다. 그래서 그 길로 철학을 접을 뻔했습니다. 실제로 제 대학 친구 중 한 명은 철학책의 난해함 때문에 철학책 읽기를 깨끗이 포기하기도 했습니다.

그렇지만 그 친구 또한 어떻게 살아야 하는가, 세계를 설명하는 근본적인 원리란 무엇인가와 같은 문제에 대해 자기 나름의 답을 찾고자 하는 의욕이 넘치는 학생이었습니다. 그렇기에 저와 제 친구는 무슨 말인지도 잘 모르면서 문학이나 예술에 관해 뜨거운 대화를 나누기도 했습니다. 조금 낯간지러운 청춘의 추억 중 하나네요.

 그 친구도 철학에 이러한 유형의 문제에 대한 답이 있으리라고 생각했기 때문에, 존경하되 가까이하지 않는다는 태도로 철학과는 거리를 두었습니다. 대체로 인생의 심오한 문제에 대해서는 문학이나 예술에서 받은 감동을 통해 접근하려고 했습니다. 그 시절, 저는 재즈의 매력에 사로잡혀 악기 연습과 다양한 장르의 책을 읽는 데 푹 빠져 지냈습니다. 철학책은 점점 읽지 않게 되어 책장을 장식할 뿐이었습니다. 그렇지만 저는 잘 포기하지 못하는 성격이라 대학원에 가서까지 철학의 어려운 문장들을 꿋꿋이 계속 읽어나갔습니다. 그러면서 철학책을 읽는 요령을 조금 터득하게 되었습니다. 뒤에 나오겠지만, 서양 고전 음악 중 교향곡을 듣다 보면 어느새 연주의 좋고 나쁨뿐만 아니라 지휘자나 오케스트라의 개성도 알게 되는데, 철학도 이와 통하는 부분이 있습니다.

❋ 그래서 나란 무엇인가?

다시 처음으로 돌아가 "우리는 어디서 왔는가? ……"라는 문장을 살펴봅시다. 프랑스어에서, 특히 사상가들이 '우리'라는 인칭대명사를 '나' 대신에 겸손의 의미로 사용하는 경우가 있다고 Y 프랑스어 선생님에게 배운 적이 있습니다. 아마도 이 문장에 쓰인 '우리'도 '나'로 바꾸어서 봐도 될 것입니다. 그렇다면 나란 대체 무엇일까요? 근대 철학의 창시자로 알려진 17세기 프랑스의 데카르트(1596-1650)는 "나는 생각한다, 고로 존재한다"라는 문장을 통해 생각하는 행위를 학문의 기초로 두려고 했으며, 이는 철학으로서 나름의 우여곡절을 거쳐 과학의 발전으로 이어졌습니다.

나란 무엇인가? 내가 존재한다는 것은 무슨 의미인가? 애초에 '존재한다'라는 것은 무엇인가? 그리고 그것이 무엇인지 질문하는 것은 무엇인가? 이러한 의문은 의문문인 이상 언어라는 도구 없이는 질문조차 할 수 없습니다. 한편, 지금 여기에 내가 존재하기만 한다면 별다른 배경지식이 없어도 질문을 던질 수 있습니다. 그런 의미에서 인류가 언어를 일반적으로 사용하기 시작했다고 알려진 약 7만 년 전부터 이러한 문제들을 계속 질문하지 않았을까요?

'나의 존재'라는 의문에 대한 최초의 답은 아마도 신화와 종교였을 것입니다. 사람은 인지를 뛰어넘는 존재가 만든 존재라거나 혹은 천국과 열반의 경지에 다다를 수 있는 존재이기도 하다는 이야기와, 세계 어딜 가나 존재하는 창세 신화는 인간 존재에 대한 유력한 답안 중 하나였습니다.

실제로 서양 철학이 시작되던 시대에 살았던 소크라테스도 신탁을 계기로 사람들에게 질문을 던지기 시작했다고 알려져 있습니다. 기독교의 영향력이 막강했던 중세 시대의 사람들은 물론이고, 이성을 중심으로 생각하기 시작했던 17세기의 데카르트, 18세기의 칸트, 19세기의 헤겔도 결코 신과 결별하려고 하진 않았습니다. 오히려 그들은 열렬한 신앙심을 가진 기독교 신자였습니다.

고대 그리스에서 탄생한 서양 철학은 중세 기독교 신학과의 긴장 관계 속에서 발전했습니다. 그런데 특수한 학술 용어나 논증 형식도 플라톤의 제자인 아리스토텔레스 시절부터 확립되고 다듬어져 왔기 때문에, 이 점도 철학 입문자들에게는 상당히 높은 벽입니다. 갑자기 '실체', '범주'와 같은 말을 접한다면, 당연히 당혹스러울 것입니다. 듣기에 분명 고상한 내용인 것 같은데, 첫 장부터 무슨 말이 쓰여 있는지 전혀 짐작도 가지 않는 상황이 벌어집니다.

생각한다는 것

내가 사유하는 대상이 다름 아닌 '나'이며, 그러한 나를 포함한 세계가 '존재'한다는 사실에 대해 누구나 한 번쯤 품었을 의문에서 철학은 시작되었을 것입니다. 그런데 그러한 철학을 난해한 용어와 복잡한 논리로 가득 채워 도저히 읽을 수 없는 철학책이란 형태로 표현하는 것은 역시나 적절하지 않다는 생각이 듭니다. 소크라테스는 거리에서 다양한 사람들과 나눈 대화 속에서 사유했지만, 책으로는 그 내용을 한 권도 남기지 않았습니다. 최초의 철학자는 생각하는 사람이긴 했어도, 글을 쓰는 사람은 아니었던 것이지요. 그리고 그것만으로도 충분히 철학이라 할 수 있습니다.

철학에서 중요한 것은 일단 생각하는 것입니다. 그렇다고 홀로 산에 틀어박혀 심사숙고해야 한다는 뜻은 아닙니다. 소크라테스처럼 **자기 생각을 다른 사람들과 공유하고, 사람들의 대답을 축적하고 또다시 생각하는 과정**이 필요합니다. 그리고 원래 책이란 생각한 것을 재현하는 하나의 수단에 지나지 않았습니다. 소크라테스의 제자인 플라톤은 자신의 스승을 등장인물로 세워 수많은 대화편을 남겼지만, 역시 책에 적힌 내용보다 살아 있는 인간의 존재가 훨씬 흥미롭다고 생각했습니다. 그렇기에 대화편이 소크라테스의 사상과 사람됨을 생생하게 묘사한 명저임에도 불구하고, 정작 플라톤 본인은 이를 높게 평가하지 않았던 것 같습니다.

🌿 과학으로서의 철학

하지만 플라톤의 제자인 아리스토텔레스가 철학을 학문으로 체계화하면서 저작물의 지위가 달라지기 시작했습니다. 실제로 고인의 사상을 알 수 있는 실마리는 그와 관련된 저작물밖에 없기에 저작물은 다시 한번 학문적 분석 대상으로서 지위가 높아졌습니다. 물론 학문의 관점에서 보면 자연스러운 흐름이지만, 한번 학문화가 진행되면 선인의 저작을 해석하고 그 개념과 이론의 정합성을 분석하는 일에 집중하기에도 벅차서 스스로 생각하는 단계까지 이르지 못하는 일이 생겨납니다. 물론 어떠한 지적 작업이 이루어지고 있다는 것은 분명한 사실입니다. 하지만 이 과정에서 '생각하기'라는 요소가 빠져 버리기도 하는데, 이러한 현상은 비단 철학뿐만 아니라 다른 학문에서도 종종 보입니다. 스승의 학설을 앵무새처럼 반복하거나 학계의 정설이나 학파의 주장을 그대로 고수하는 것으로 스스로 생각할 부분을 대신합니다.

결과적으로 아리스토텔레스 이후부터 학술적인 스타일의 저작물이 주류가 되었고 오늘날까지 이어지고 있습니다. 이 때문에 철학 입문자들은 난해한 철학책이라는 거대한 산에 가로막히게 되었습니다.

하지만 철학이란 생각하는 것이라서, 철학책을 읽는 것은 어디까지나 사고

하기 위한 실마리를 얻는 방법에 지나지 않습니다. 철학책을 읽을 때는 대가의 생각을 맹목적으로 듣지만 말고, 저자와 대화하면서 읽는 자세가 필요합니다. 그리고 철학자도 마찬가지로 독자와 대화하면서 생각을 엮어가는 것이 저작의 본래 방식일 것입니다.

오늘날 대학에서 철학은 학문 혹은 엄밀한 과학이라는 철갑을 두르고 있다 보니, 본래의 '생각하기'라는 방식은 잊히기 쉽습니다. 실제로 대학이란 장소에 학설이나 사상의 연구자로서 철학을 가르치는 사람들이 있지만, 이들 모두가 오리지널 철학자라고 할 수는 없습니다. 이는 중고등학교 체육 선생님이 모두 현역 운동선수가 아닌 것과 같은 이치입니다.

최고의 철학 선수란 소크라테스처럼 거리에서 다양한 사람들을 상대로 논쟁을 즐기는, 어딘가 별나면서 조금 위험한 사람이기도 합니다. 실제로 소크라테스가 젊은이들에게 악영향을 끼친다는 이유로 사형을 선고받은 사실을 보면, 대학에서 이런 사람을 수용할 수 있는 것이 다행인 일이지요.

하지만 모든 대학에 반드시 현역으로 활동 중인 최고의 선수 같은 철학자가 있는 것은 아닙니다. 그러므로 철학을 배우려는 사람들 대부분은 마침 도움을 받고 있는 철학 연구자 선생님들에게 가르침을 얻어 철학책이라는 산속에 확실하게 존재하는 진정한 철학자를 찾는 일부터 시작해야 합니다. 주변에는 철학자가 없더라도 과거의 책 속에는 확실히 존재하기 때문입니다. 그리고 대학의 연구자들이라면 본인이 철학자는 아니더라도 적어도 누가 진정한 철학자인지에 대해서는 이제 막 철학의 문 앞에 선 여러분보다는 잘 알고 있을 것입니다.

예를 들어, '후기 헤겔에 대한 이성 개념의 변천(가제)'이라는 연구를 진행 중인 선생님이라면 적어도 헤겔에 대해서는 여러분에게 열의를 띠며 설명해 줄 수 있고, 사상사를 전문으로 하는 연구자라면 그 분야에서 다루는 철학 사상의 매력을 생생하게 이야기로 풀어낼 수 있을 것입니다.

❉ 문예로서의 철학

철학이 예술이라면, 예술 작품과 예술 이론, 예술사, 예술 평론으로 각각 확실히 구별할 수 있고, 누가 예술가인지 고민할 일도 없겠지요. 그러나 철학의 작품은 언어로 쓰여 있는 데다, 앞선 철학자들의 업적을 의식하며 이론을 펼치다 보면, 이론, 역사, 평론이 어지러이 뒤엉켜 버립니다. 작품의 형식도 플라톤의 대화편처럼 등장인물 간의 대화로 이루어진 것부터 이른바 학술 논문 형식인 것도 있으며, 에세이 형식이나 한 문장씩 끊어 쓴 단장 형식으로 된 것도 있습니다.

철학을 독학할 때는 이러한 문헌들을 일단 읽어 보는 수밖에 없습니다. 대학에서 철학을 배울 때도 마찬가지입니다. 적어도 철학이 무엇인지 아는 교수나 연구원의 지도에 따라 문헌의 숲에 들어섭니다. 게다가 대학원에서 전문적으로 철학을 배울 때는 거의 예외 없이 영어, 독일어, 프랑스어, 그리스어, 라틴어 등으로 쓰인 원서를 강독하는 방식으로 배웁니다. 이때 배우는 것은 외국어 독해 작업을 통해 철학자가 사상을 엮어내는 창조의 현장을 경험하고 체화하는 방법입니다. 일본의 대학에서 철학이 전통적으로 문학부에

속하는 것도, 수업 형태로 봤을 때 이 편이 자연스럽기 때문일 것입니다.

이와 같은 학습 환경 속에서 담당 선생님이 운 좋게 진정한 철학계의 최고 선수인 경우에도 사정은 같아서, 원서 강독이라는 전통적인 방법을 채택할 것입니다. 왜냐하면 강독이야말로 철학적 사고의 가장 효과적인 훈련법이기 때문입니다. 스승의 지도에 따라 허심탄회하게 철학 문장을 마주함으로써 책 속의 선철들과 만나고, 스승의 독해 방식에서 많은 것을 배울 수 있습니다.

사제간의 배움에 대해서는 이 뒤에 오는 장에서도 다시 한번 다룰 예정입니다.

이 책의 구성

이 책은 대학에서 진행했던 철학 강의를 바탕으로 철학자들의 사상을 해설한 것입니다. 소크라테스를 비롯한 철학자들이 오늘날에 이르기까지 어떤 것들을 생각해 왔는지 연대순으로 짚어갑니다. 다만, 소크라테스, 플라톤부터 현대 철학자까지의 사상을 그저 추상적으로 요약하지 않고, 그들이 실제로 어떤 방식으로 생각했는지를 대표 문헌의 구절을 통해 알아봅니다. 그들이 남긴 말을 빌려 그들이 고민했던 문제가 무엇인지 여러분과 함께 생각해 보고자 합니다. 비록 번역한 문장으로 실었지만, 조금이나마 원저자의 문장을 접해보면서 선인들의 사유 방식을 함께 이해해 나가길 바라며 이 방식을 택했습니다.

차 례

들어가며 ... 006

내가 존재한다는 것 ... 006
그래서 나란 무엇인가? ... 007
생각한다는 것 ... 009
과학으로서의 철학 ... 010
문예로서의 철학 ... 012
이 책의 구성 ... 013

I. 철학의 어려움과 즐거움에 대해

이해하기 어려운 철학 문장 ... 020
철학의 맥락과 초역 ... 021
대화를 즐기던 사람에서 쓰는 사람으로 ... 024
다양한 철학의 양식 ... 026
종교의 문제 ... 027
의심과 믿음 ... 029
A는 A이자, A가 아니다 ... 031
현대 예술로서의 철학 ... 034
진짜 철학 가려내기 ... 036

II. 철학 강의 실황 중계

제1강 소크라테스와 플라톤 ———————— 042
- '훌륭한 삶을 사는 것' ———————————— 042
- 진선미의 일치 ——————————————— 044
- 철학자의 신 ———————————————— 046
- 철학자의 이원론 —————————————— 048
- 우리는 어디로 가는가? ——————————— 049

제2강 소크라테스와 베유 자, 더 이상 그런 것은 생각하지 마 — 051
- 황혼의 포스트모더니즘 ——————————— 051
- 베유 "더 이상 그런 것은 생각하지 마" ————— 053
- 모든 것을 양지로 내놓은 다음, 금지할 것 ——— 057

제3강 아리스토텔레스와 실체 존재론의 시작 ——— 059
- 만학의 시조 ———————————————— 059
- '실체'를 탐구하는 일 ———————————— 061
- 주어야말로 모든 것이다 —————————— 063
- 신을 향한 찬미 —————————————— 066

제4강 토마스 아퀴나스 이른 르네상스 —————— 068
- 존재 원인으로서의 신 ——————————— 068
- 12세기 르네상스 —————————————— 070

제5강 아우구스티누스와 데카르트 신과의 대화 —— 072
- 사물의 논리가 아닌 ———————————— 072
- 나는 의심한다 ——————————————— 076
- 데카르트, 의심하다 ————————————— 079
- 나는 실체다 ———————————————— 081
- '생각하다'에서 '존재하다'로 ————————— 084

제6강 　데카르트와 파스칼 　과학의 운명 ············· 087
　　　　　정신과 신체의 접점 ············· 087
　　　　　'무용하고 불확실한 데카르트' ············· 090
　　　　　무한한 공간의 영원한 침묵 ············· 092
　　　　　우리의 모든 존엄성은 사유 안에 있다 ············· 094

제7강 　흄과 비트겐슈타인 　내일도 태양이 존재한다? ············· 096
　　　　　"내일도 태양이 존재한다"는 것은 확실한가? ············· 096
　　　　　확실성의 문제—말할 수 없는 것 ············· 099

제8강 　베이컨과 로크 　이성보다 경험 ············· 102
　　　　　지각이야말로 출발점 ············· 102
　　　　　자연의 정밀함 ············· 104

제9강 　스피노자 　사유의 재미와 행복 ············· 108
　　　　　신에 심취한 무신론자 ············· 108
　　　　　에티카—윤리학 ············· 110
　　　　　헤겔 혹은 들뢰즈 ············· 113
　　　　　생각하는 즐거움과 만족 ············· 115
　　　　　직관지와 지적애 ············· 117
　　　　　악을 물리치고, 죽음을 두려워하지 않는다 ············· 119

제10강 　라이프니츠 　논리에서 소외된 인간 ············· 121
　　　　　모나드 ············· 121
　　　　　최소 단위의 '모나드' ············· 124
　　　　　신의 각인 ············· 126
　　　　　이론적 요청으로서의 모나드 ············· 128
　　　　　스피노자와의 해후 ············· 131
　　　　　캉디드—낙관주의의 아이러니 ············· 133

제11강 흄과 칸트 경험론의 충격 ············ 136
독단론으로부터의 탈출 ············ 136
경험을 연결하는 것—'관념 연합' ············ 139
경험에 앞서서 존재하는 것—'선험론' ············ 140
사물의 본질은 인식할 수 없다—'물자체' ············ 142
이성은 불가능해도 실천은 가능하다 ············ 143
내 삶 속의 도덕률 ············ 145

제12강 헤겔 세계는 이성으로 이루어져 있다 ············ 147
이성은 객관적 실재 ············ 147
궁극의 이념 ············ 149
변증법 논리와 시간 ············ 151
이념으로 성장하는 개념 ············ 152
이념에서 절대 이념으로 ············ 155
이성적인 것은 현실적이며, 현실적인 것은 이성적이다 ············ 158
깊은 신앙에도 불구하고 ············ 160

제13강 니체 현대 사상의 원형 ············ 162
헤겔 이후 ············ 162
신은 죽었다 ············ 163
대지와 육체 ············ 165
명명의 힘과 제도 비판 ············ 167
아이돌 니체 ············ 169
문학적인 철학 ············ 170

제14강 하이데거 신이 부재한 존재론 ············ 173
현존재 ············ 173
술어로서의 '존재하다' ············ 175
현대인의 불안 ············ 178
제작된 어떤 것 ············ 181

제15강	**비트겐슈타인과 마이클 폴라니** 말할 수 없는 것 ·············· 183

『논리-철학 논고』—비트겐슈타인 ·············· 183
말할 수 없는 것 ·············· 185
언어와 가치의 창조성으로 ·············· 187
말로 표현할 수 있는 것보다 더 많은 것—마이클 폴라니 ·············· 189
암묵지 ·············· 190
계층을 상승시키다 ·············· 192
성경적 세계관 혹은 진화 사상 ·············· 194
언어와 사실의 괴리와 포스트모더니즘 ·············· 196

나 가 며　　　　　　　　　　　200

저 자　약 력　　　　　　　　　202

I.

철학의
어려움과
즐거움에 대해

I. 철학의 어려움과 즐거움에 대해

❖ 이해하기 어려운 철학 문장

철학이라고 하면 대부분 어려운 학문이라고 생각하지 않나요?

세계의 형태, 인생의 의미처럼 왠지 고상하면서도 심오한 주제를 다룰 것만 같지요. 그러다 보니 철학을 이해하려면 보통 사람들보다 머리가 좋아야 한다고 오해하기 십상입니다. 사실 저 또한 젊었을 적에는 그렇게 생각했습니다. 혹은 철학책을 읽고 제대로 이해하지 못한다는 것은 자신이 똑똑하지 못하다고 증명하는 셈일 수도 있어서, 철학책을 집어 드는 것에서부터 심리적으로 큰 벽을 느끼기도 합니다. 그리고 용기 내어 읽어 보았는데 전혀 내용을 이해하지 못 한 경험은 소위 트라우마로 남을 수도 있습니다.

저의 대학 시절 첫 철학서는 헤겔의 『정신현상학』이었습니다. 책을 쓰며 수십 년 만에 그 책을 꺼내 여러분에게 책의 한 구절을 공유해 보겠습니다.

> 의식은 각각의 의식이 자체적으로는 절대적인 실재라는, 스스로 파악한 사상에서 자기 자신에게로 되돌아간다. 불행한 의식에게 있어서 자체 존재는 의식 자신의 피안이다. 하지만 의식의 작용이 스스로 실현한 것은, 개별을 그 완전한 전개에서, 혹은 현실의 의식인 개별성을, 자기 자신을 부정하는 것으로써, 즉 대상적인 극으로 조정한 것이다.
>
> (헤겔 지음, 『정신현상학』, 가시야마 긴시로 옮김, 가와데쇼보신사, 141쪽)

당시에 도대체 무슨 말인지 모르겠어서 일찌감치 포기한 줄 알았는데, 이제 보니 잘못된 기억이었습니다. 끝까지 읽진 않았지만, 오랜만에 펼쳐 본 책에는 중간까지 밑줄까지 그어가며 읽었던 흔적이 남아 있었습니다. 새삼 그 시절 저의 인내심에 놀랐습니다. 철학책과의 첫 만남이 순조롭지는 않았지만, 이후에도 포기하지 않고 다른 철학서들을 계속 읽었습니다. 그렇게 점점 이러한 종류의 문장이 익숙해지자 그런대로 내용을 이해할 수 있게 되었습니다. 그러다 정신을 차려보니 헤겔을 비롯해 철학자에 따라서는 이러한 종류의 책도 심장을 뛰게 할 수 있다는 것을 알게 되었고, 어느새 즐겨 읽게 되었습니다.

✤ 철학의 맥락과 초역

물론, 이러한 문장은 표현 하나하나에 지나치게 얽매이면 점점 표현에 매몰되어 저자가 무엇을 말하려고 하는지도 모르게 됩니다. 그렇다고 저자의 독자적인 개념이나 표현을 무시해 버리면 당연히 도저히 그 뜻을 가늠조차 할 수 없게 됩니다. 다만, 많은 철학자가 플라톤부터 아리스토텔레스 이후에 정립된 철학적 사고의 규칙을 전제로 하므로, 그 지식을 보완해 가면서 저자가 고심해 온 흔적을 더듬어 가다 보면, 저자가 말하고자 하는 바를 언젠가는 이해할 수 있습니다. 그래서 이 책의 목적 중 하나가 바로 철학에서 공유되어 온 문제의식과 사고방식을 다시 한번 확인하는 것입니다. 이 점을 알아둔다면, 도저히 판독할 수 없을 것 같던 철학서의 문장일지라도 맥락을 따라가기 쉬워집니다.

한편, 이 책에서는 중요한 부분을 인용할 때, 필요에 따라 저자가 말하고자 하는 바를 뽑아내서 '초역'이라는 형태로 실었습니다. 앞서 인용한 헤겔의 문장은 논리적 사고 과정의 한 부분을 우연히 뽑아낸 것입니다. 번역어를 골라 다시 쓰면 핵심은 아래 같은 느낌입니다.

> 의식은 그 자체로 완벽하게 성립한다. 그러나 사물을 이해하지 못한 사람에게 완벽한 존재라는 것은 자신과는 동떨어진 곳에 있는 것처럼 생각할지도 모른다. 하지만 사실은 완벽한 의식이 개별적인 대상과 마주할 때는, 어디까지나 자신의 의식 속에서 이것을 부정해 오는 대립물로서 파악한다.

이것도 상당한 의역인데, 이 문장을 조금 더 다듬으면 다음과 같습니다.

> **초역**
> 인간이 생각하는 것은 완벽한 존재, 그 자체이며, 자기 외의 개성을 가진 사람이나 사물은 모두 마음속에서는 자신을 부정하는 것으로서 나타난다.

이어서 이 '부정'을 종합하는 다음 단락으로 넘어가면, 헤겔이 말하고자 하는 내용을 맥락에 맞게 읽어나갈 수 있습니다. '의식이 완벽'할 리 없다고 생각하며 읽어도 전혀 지장이 없지만, 헤겔은 이것을 개념이나 이념으로 성장시켜 대립물로 간주하면서 한층 발전된 논리를 전개합니다. '절대이념'이나 '국가이념'에 도달한다는 내용으로 이어지기 때문에, 대충 읽더라도 그 내용에 놀랄 수밖에 없습니다.

그렇지만 사람들은 이 엄청난 이야기에 놀라기도 전에 나가떨어지고 맙니다. 대학생인 경우, 필요에 따라 철학 개론서나 사상 사전과 같은 참고서에 적힌 헤겔 사상의 요약만을 읽어도 되겠지만, 보통은 그럴 필요조차 없습니다. 하긴 최근에는 대학에서도 헤겔에 대해서 리포트를 쓰게 하지 않습니다. 각 대학의 교수님들이 대책 마련으로 골머리를 앓고 있는 Chat GPT가 범용적이고 천편일률적인 리포트를 눈 깜빡할 새에 써주는 시대가 되었기 때문입니다.

이러한 까닭으로 헤겔의 재미란, 책을 탐닉하는 취미가 있는 사람 정도나 되어야 누릴 수 있는 성질의 것일지도 모르겠네요. 저 또한 처음에는 헤겔을 읽다 포기하기도 했고, 오랫동안 헤겔을 존경은 하지만 먼 존재로 여기며 다른 책으로 눈을 돌렸습니다. 그러다 대학원생 시절, 희대의 독서가이자 예술 애호가인 쓰치야 게이치로 선생님이 헤겔은 언제 읽어도 참 재밌다고 말씀하시는 것을 듣고, '역시 멀리해서는 안 되는구나'라며 생각을 바꾸었습니다. 쓰치야 선생님은 재밌는 서적이나 예술 작품을 찾아내는 안목이 남다른 분이었기 때문에 아마도 예술 감상을 위해 동서고금의 철학서를 탐독하셨을 것입니다.

이를 계기로 헤겔의 『철학 입문』, 『소논리학』*, 『대논리학』을 읽었고, 비로소 납득이 가게 되었습니다. 다른 이가 즐겨 읽는 데에는 그만한 이유가 있다고 생각하며 읽어 보니 어느새 저 또한 그렇게 되었습니다. 쓰치야 선생님께 감사할 따름입니다. 지금 생각해 보니, 처음 읽었던 『정신현상학』은 아마 처음부터 독특한 용어들이 방대하게 쏟아져 나와서 가장 읽기 어려운 책이었던

---

* 대논리학을 축약하고 다듬어 '철학 체계'의 토대로 제시한 것이 『엔치클로페디』「제1부 논리의 학」(이신철 옮김, 도서출판 b)이다. 헤겔의 변증법적 논리학을 압축적으로 보여주기에, '대논리학'과 구별해 '소논리학'이라고 부르기도 한다.- 옮긴이

것 같습니다.

어쨌든 소크라테스와 플라톤에서 시작된 서양 철학의 전통적인 난해함은 헤겔에 이르러 정점에 도달합니다. 그런데 헤겔까지의 난해함은 이후 20세기 프랑스 포스트모던 철학자들의 난해함과는 매우 다릅니다. 후자에 대해서는 현대 예술의 난해함과 통하는 또 다른 문제가 있으므로, 우선은 전통적인 철학의 난해함에 대해서 이야기하겠습니다.

❊ 대화를 즐기던 사람에서 쓰는 사람으로

고대 그리스의 소크라테스(BC 469/470-399)는 서양 최초의 위대한 철학자로 자주 언급되는데, 의외로 저서를 남기지 않았습니다. 그렇지만 제자인 플라톤(BC428/427-347/348)이 소크라테스를 주인공으로 쓴 저서를 통해 그의 사상을 엿볼 수 있습니다. 그 저서가 바로 '대화편'으로, 소크라테스를 주인공으로 한 연극 대본 같은 형식으로 쓰였습니다.

대화편의 형식에는 소크라테스의 사상을 플라톤이 재현했다는 측면과 플라톤이 스승인 소크라테스를 통해 자신의 사상을 전개했다는 측면이 있는데, 어느 쪽이든 진리와 정의, 아름다움의 존재와 인간의 훌륭한 삶과 같이 후대 철학에서 다루어야 할 기본적인 문제를 고찰하고 있습니다. 최초의 철학자는 사유하고 말하는 것은 좋아했지만 책은 쓰지 않는 사람이었고, 두 번째 철학자는 각본가이자 연출가 같은 사람이었습니다. 참고로 두 번째 철학자를 이은 세 번째 철학자인 아리스토텔레스는 실제로 연극에 지나치게 몰두해서 플라톤에게 혼나기도 한 인물입니다.

그리고 철학의 형식은 젊은 시절 연극에 심취했던 아리스토텔레스(BC 384-322) 때부터 논문 형식으로 바뀝니다. 실제로 아리스토텔레스도 플라톤처럼 대화편을 썼는데, 안타깝게도 전부 소실되었다고 합니다. 한편, 아리스토텔레스는 철학을 중심으로 한 모든 학문에 대해 분석과 종합을 기반으로 한 과학적·체계적인 방법론을 확립했습니다.

'만학의 시조'라고 불리는 아리스토텔레스는 체계적인 내용을 담은 방대한 양의 저작을 남겼습니다. 이 저작들에는 객관성과 설득력을 확보하기 위한 독특한 형식과 방법이 사용되었습니다. 그렇다 보니 소크라테스가 재치 있게 주고받는 대화의 기술이나 플라톤의 연극적인 감각이 필요하긴커녕 불필요한 것으로 취급하는 것으로 보이기까지 합니다. 다른 한편으로는, 소크라테스나 플라톤처럼 특별한 재능이 없는 사람일지라도 형식에 맞는 논술이 가능해져서 어떤 의미에서는 많은 이에게 학문이 개방되었다는 측면이 있습니다.

일단 학문적 논문 스타일이 확립되자, 각 분야에서 독특한 용어가 생겨나기 시작했습니다. 예를 들어, 후대의 철학자들은 아리스토텔레스의 '실체'라는 개념을 '본질을 포함한 존재'로서 공통의 이해를 바탕으로 사용했습니다. 그런데 이러한 학문적 용어를 애매하게 이해한 채로 읽으면 모르는 내용이 눈덩이처럼 불어나게 됩니다. 특수한 개념이나 용어의 이해를 소홀히 하지 않고 어떤 문제가 이어져 갔는지를 살펴 간다면, 선철의 모든 저작은 더 이상 무기질적인 개념의 나열이 아니게 됩니다. 그리고 어떤 문제를 대대로 고민해 왔는지 알면, 철학자들이 다양한 방식으로 궁리하며 문제에 접근하는 모습도 보이기 시작합니다.

❋ 다양한 철학의 양식

철학이 책으로 쓰이기 시작하자, 당시로 말하자면, 시나 연극 같은 문예, 혹은 문예와 적당한 관계에 있는 음악과 같은 예술에 가까워집니다. 제각각 독특한 어휘와 표현법이 있어서 이를 다듬어갈수록 그 형식에 어느 정도 익숙해질 필요가 있었습니다.

예를 들어, 클래식 음악인 교향곡은 귀에 익지 않았을 때는 어떤 악기가 어떤 소리를 내는지 도통 알 수 없고 멜로디도 독주 이외에는 구분할 수가 없습니다. 그래서 어린 시절의 저 또한 교향곡이 그저 지루하게만 느껴졌습니다. 그러나 점점 서양 고전 음악과 교향곡의 형식이 점점 익숙해지자, 지휘자나 교향악단의 차이도 자연스럽게 구별할 수 있게 되었습니다. 푸르트벵글러가 지휘하는 말러 교향곡 제5번이 최고라던가, 현악기는 빈 필하모니 관현악단이 좋지만 금관악기는 필라델피아 교향악단이 좋다고 의기양양하게 말하는 학생이 지금도 분명 그런대로 있겠지요?

앞서 언급했던 헤겔 시대까지 이어져 온 서양 철학의 어려움은 이와 비슷한 면이 있습니다. 그러므로 무리하게 이해한 척할 필요가 없습니다. 얼마든지 독특한 철학적 사고라고 해도 익숙해질 수 있고, 서서히 그 차이도 알 수 있습니다. **서양 철학의 표현상 어려움 대부분은 사용된 개념이나 어휘가 원인이기**

때문입니다. 그 개념이나 용어를 차근차근 따라가며 익히다 보면, 문장이 논리적으로 쓰여 있는 한 의미하는 바를 포착할 수 있을 것입니다. 대학의 철학 개론 강의에서 가르치는 것도 보통 이러한 내용입니다.

종교의 문제

원래 이 단계쯤에서 책에 쓰인 내용을 그대로 이해할 수 있음에도 불구하고, 사람들의 이해를 방해하는 문제가 하나 더 있습니다. 바로 철학자들이 전제하고 있는 종교적 세계관입니다. 다시 말해, 세계에는 모든 일의 원인이자 세계를 지배하는 초월적이고 절대적인 존재가 있다는 의미입니다. 중세 기독교 철학에서 신의 존재란 너무나 당연했지요. 그런데 기독교 이전 고대 그리스의 소크라테스, 플라톤, 아리스토텔레스, 이 세 사람 또한 절대자의 존재에 대해 흔들림 없는 신앙을 가지고 있었습니다. 이러한 사정은 데카르트(1596-1650) 이후의 근대 철학자들도 마찬가지로, 오히려 근대 철학은 성서의 주석처럼 보이는 부분이 있습니다.

구약 성서 「출애굽기」(3장 14절)를 보면, 모세가 신에게 이름을 묻자 '나는 존재한다'라는 신이다(문어체로 번역한 『구신약성경』에서는 '나는 존재하는 자니라')라고 대답합니다. 신은 존재 그 자체라는 부분에서부터 시작되는데, 유대-기독교적 세계관에서는 이 'I am'이라는 신이 존재의 기본이자 공통된 인식으로 지금도 자리하고 있습니다.

데카르트는 이 성경 구절을 당연하게 염두에 두고, 그 유명한 "나는 생각

I. 철학의 어려움과 즐거움에 대해

한다, 고로 존재한다"라는 문장을 썼습니다. 데카르트는 '존재한다'에 대한 근거를 제시하기 위해 "나는 생각한다, 그러므로 나는 존재한다"라는 표현을 사용했습니다. 그렇게 '나는 생각한다=이성'에 기반해서 존재의 근거를 신의 개념에 의존하지 않고 설명하는 근대 합리주의 철학을 정립했습니다. 그런데 데카르트는 이 유명한 경구 직전의 고찰에서 생각하는 '나'를 창조한 것은 신이라고 전제하고 있습니다. 이에 대한 자세한 이야기는 데카르트 장에서 다루도록 하겠습니다.

'나는 존재한다'라는 신의 존재는 유대-기독교 문화권의 공통 인식이며 논의의 전제입니다. 이 사실을 그냥 지나쳐 버리면, 이후 전개된 근대 철학의 흐름을 놓칠 가능성이 있습니다. 조금 더 뒤에 등장하는 칸트와 헤겔도 신실한 기독교인이었다는 사실을 빼놓고는 이야기할 수가 없습니다. 이러한 종교적 문제는 동양에서도 가장 동쪽 끝에 위치한 곳에 사는 전혀 다른 문화권에 속하는 사람에게는 커다란 걸림돌이 됩니다.

따라서 이 두 가지로 헤겔까지의 철학이 어려운 이유를 정리할 수 있습니다. 이 어려움을 극복하는 일은 나름대로 교양으로서 서양 근대 철학을 이해하는 데에 도움이 됩니다. 그리고 이 고비를 잘 넘어가면, 난해하다고 소문난 헤겔 철학도 말러 교향곡처럼 즐길 수 있을 뿐만 아니라 감동마저 느낄 수 있게 됩니다.

물론 이 두 문제점을 알아두면 좋겠지만, 서양 철학의 독특한 배경에 지나지 않기 때문에 사실은 철학 본래의 문제를 사유할 때 필수적인 지식은 아닙니다. 다만, 주의할 점은 이러한 학문적 지식을 다른 사람에게 과시하거나 다른 사람을 깎아내리는 데에 쓰면, 철학의 본래 목적을 잃는다는 것입니다. 철학의 양식은 어디까지나 양식일 뿐입니다.

음악에 비유하자면, 이는 일부 장르에만 통한다는 의미입니다. 그런데 장르에 지나치게 집착한 나머지, 클래식 음악 이외에는 음악이 아니라고 주장한다면, 음악 본래의 매력을 퇴색시키는 셈이지요. 반대의 경우도 마찬가지인데, 클래식 음악을 제대로 알아보지도 않고 무작정 싫어하는 것은 안타까운 일입니다. 말러의 음악은 지루해 해도 다른 음악을 즐길 수 있다면 전혀 문제 되지 않습니다. 한편, 음악이 점점 귀에 익으면 그 재미도 알 수 있습니다. 여하간 음악을 즐길 때는 장르에 너무 얽매이지 않는 것이 중요합니다.

철학도 어느 정도 음악과 비슷한 면이 있는데, 철학은 일단 '생각하는' 것이며, 그 목적이란 소크라테스가 말했듯이 '훌륭한 삶'의 실현입니다. 진선미를 추구하기 위해서 잘 생각하고, 잘 배우고, 그리고 훌륭한 삶을 사는 것이 본래 철학적 행위입니다. 이 기본에서 벗어나지 않도록 주의하면서 선인의 철학을 즐기면 좋겠습니다.

의심과 믿음

'철학의 어려움에 대해서' 조금 더 보충해 설명하겠습니다.

앞에서 서양철학의 어려움이 학문적인 논문 형식의 문제와 절대적 유일신의 문제에서 비롯된다고 했습니다. 그런데 이 두 문제는 사람들이 신앙에서 멀어지면서 새로운 양상을 보입니다.

사람들이 신의 개념을 뒤로한 채 인간의 이성만으로 철학을 논하고자 하고 나서도, 신은 오랫동안 이성의 뒷배가 되어 철학자들을 지탱해 왔습니다. 그리고 데카르트도, 칸트도, 헤겔도 그들의 저작을 통해 알 수 있듯이 열렬한 기독교 신자였습니다. 하지만 그 열렬한 신앙에도 불구하고, 그들이 철학적으로 사고함에 따라 신에게서 떨어져 나오는 일이 발생했습니다.

일반적으로 근대 철학은 데카르트부터 시작한다고 보는데, 그 이전의 철학부터 그 이후의 헤겔에 이르기까지, 철학은 다른 학문과 마찬가지로 세계의 법칙을 발견하고 신을 찬미하려는 의도 아래에서 발전했습니다. 이미 중세에 인간의 본성을 인간적인 자연으로 보고 그 자연법칙을 발견하고자 한 토마스 아퀴나스의 태도는 17세기의 베이컨이나 데카르트로 계승되어, 이성, 즉 인간 안에 있는 합리성을 탐구하려는 시도로 이어졌습니다.

합리성은 언뜻 보기에 그 자체만으로도 성립하는 것처럼 보입니다. 가령 A가 존재한다고 할 때, 그것에 대해 'A는 A다'라는 논리를 세워 그렇게 단정해 버리면, 그 타당성은 의심의 여지가 없는 단단한 반석처럼 보입니다. 다만, 데카르트처럼 이를 한 번 의심하기 시작하면, 모든 것이 의심스러워집니다.

데카르트는 만물이 확실히 존재하는가에 대해 깊이 생각한 끝에 애당초 이러한 골치 아픈 것을 '생각하는 나'는 부정할 수 없다는 결론에 다다릅니다. 이 '생각하는 나'라는 이성이 그 후 철학과 과학의 타당성에 대한 근거가 됩니다. 뒤에 나올 제1강에서 다루듯이, 데카르트는 저서인 『방법서설』에서 "나는 생각한다, 고로 존재한다"라는 유명한 경구가 나오기 몇 단락 전에 생각하는 '나'를 성립시키는 근거가 신이라고 분명히 말합니다. 하지만 그 후의 철학과 과학은 데카르트가 말한 입론의 근거가 아니라 결론인 '이성'을 새로운 출발점으로 삼아 논의를 이어가는 방향으로 발전합니다.

당시까지 신을 근거로 했던 이성은 이성 그 자체로 타당한 것으로 다루어졌는데, 이성만을 따로 떼어 놓고 보면 역시 타당한 근거는 발견할 수 없다는 점을 알 수 있습니다. 실제로 이성은 출발선에서부터 방향을 잘못 잡으면, 논리정연하게 스스로 전개하면서 결국 말도 안 되는 결론에 이르게 됩니다. 그리고 목적을 잘못 잡아도 마찬가지인데, 그 잘못된 목적을 향해 논리적으로 자신을 전개합니다. 그런데 근대 과학은 철학의 결론을 출발점으로 삼아 실험 관찰을 거듭하며 발전을 이룹니다. 신이 존재하지 않는다면 밝혀내기 어려운 것들은 고려하지 않고 말이지요.

한편, 이성의 본가인 철학에서는 데카르트가 제시한 방향으로 이성을 탐구해 보니, 다양한 오류가 나온다는 사실을 알게 됩니다. 그리고 이성만으로 철학을 구성하는 것에는 무리가 있다고 생각합니다. 그래서 이성이 아니라 경험을 통해 철학을 완성하려는 시도를 하기도 하고(영국 경험론), 아리스토텔레스 이후 형이상학의 흐름 속에서 다시 한번 신을 소환하기도(대륙 합리론) 합니다. 이때 이성 안에 신을 대신하는 타당성을 편입시켜 세계의 모든 것을 설명하는 장대한 철학 체계를 만들어낸 인물이 헤겔입니다.

❋ A는 A이자, A가 아니다

앞에서 언급했다시피 헤겔은 열렬한 기독교 신자입니다. 그래서 헤겔의 철학 또한 지극히도 기독교적인 특징을 띠갑니다. 헤겔은 이성을 단순한 형식 논리적 사고라고 생각하지 않고, 이성 안에 신의 존재를 편입시켜 신의 영광을 찬미해야 하는 인간의 이상적인 자세에 대해 장대한 서사를 만들어냈습니다.

헤겔이 이성에 독특한 의미를 부여할 수 있었던 것은, 헤겔이 이용한 논리가 독특했기 때문입니다. 바로 변증법입니다. 'A는 A다'라는 논리에서 A는 영원히 A일 수 없고, 시간의 흐름 속에서 A인 그대로 있을 수 없을 뿐 아니라, A가 아닌 것 혹은 A와 대립하는 것과의 관계 속에서 무언가 새로운 것으로 발전한다는 논리입니다.

이 논리는 당시 형식 논리의 전제였던 'A는 A다'와는 근본적으로 다릅니다. 변증법은 'A는 A다'라는 논리가 일단 성립해도, 논리에 시간이라는 요소를 대입하는 것으로 'A는 A가 아닌 것이 될 수 있다'라는 것을 제시하기 때문입니다. 형식 논리에 시간이라는 역사적 요소를 대입해 A 자체가 A가 아닌 것이 됩니다. 게다가 A와는 이질적인 존재와의 관계 속에서 자신이 다른 차원의 존재로 상승하는 서사가 만들어집니다.

종래의 논리에서 보자면, 변증법은 무엇이든 존재한다는 말처럼 들리기까지 합니다. 왜냐하면 'A가 아닌 것'은 세계에 무수히 많이 존재하며, 그중 무엇을 선택할지는 전적으로 논자에게 달려 있기 때문입니다. 헤겔 자신은 이 논리를 구사해 세계와 존재의 모든 것을 아우르는 장대한 이야기를 그려나갑니다.

그런데 여기서 문제가 생깁니다. 변증법 논리에는 당시까지 이어져 온 'A는 A다'라는 형식 논리의 배경에 있던 신을 모독할 수 있는 요소가 포함되어 있었기 때문입니다. 헤겔은 변증법 논리의 전체를 기독교적 세계관을 토대로 세웠을 정도로 열렬한 신앙을 가졌음에도 불구하고 말이지요. 그리고 신성 모독이 아니라고 해도, 변증법 논리는 결과적으로 신이 존재하지 않더라도 인간의 이성만으로 세계가 성립하고 발전하는 체계입니다.

원래 변증법은 소크라테스가 실천했던 '산파술'에서 유래했습니다. 산파술이란 대화를 통해 진리를 발견하는 방법으로, 플라톤의 대화편에서 생생하게 묘사되어 있습니다. 이런 의미에서 변증법 논리는 원래 철학의 세계에서는 익숙한 논리였으며, 헤겔은 여기에 새로운 생명을 불어넣었다고 해도 좋을 듯합니다. 헤겔의 문장은 난해하지만, 동시에 그 어떤 것과도 비교할 수 없는 재미가 있습니다. 한번 이 재미를 알게 되면 헤어 나올 수 없을 정도이지요.

다만, 헤겔 자신의 의도와 달리, 그 철학적 논리는 신에게서 분리되어 버렸고, 후대 사람들에게 크나큰 '불안'이라는 유산을 남겼습니다. 헤겔에게는 견고한 신앙이 있었기 때문에 문제가 없었지만, 절대적 유일신을 향한 신앙도 없고 헤겔이 절대이념이라고 말한 개념을 향해 전폭적인 신뢰를 보낼 수도 없는 후대 사람들에게는 **신에게 버려진 사람들의 '불안'**을 해소하는 일이 다음 과제로 떠올랐습니다.

그래서 헤겔의 뒤를 이은 니체, 키르케고르, 마르크스는 각자의 방식으로 이 문제에 답하고자 했습니다. 그들의 답은 뒤에서 따로 다루도록 하겠습니다.

Ⅰ. 철학의 어려움과 즐거움에 대해

❇ 현대 예술로서의 철학

헤겔 이후, 철학은 난해하면서도 독특한 재미가 있다는 평가를 얻습니다. 철학이 예술 작품처럼 읽히기 시작했기 때문입니다. 헤겔에 이를 때까지, 진리는 신에게서 시작되는 것이며 세상을 고루 비추는 빛과 같은 존재라는 생각이 전제되고 있었습니다. 당시 헤겔 본인도 이 점 자체는 전혀 의심하지 않았습니다. 그러나 데카르트 이래 강조되기 시작한 이성의 힘이 헤겔의 철학에서 신과 거의 동격으로 자리매김하게 되면서, 철학은 신 없이 축조된 이성적인 건축물에 지나지 않게 되었습니다. 다시 말해, 헤겔은 자신의 신앙에는 어떤 의구심도 품지 않았지만, 헤겔이 빚어낸 철학은 신 없이도 성립할 수 있는 체계를 이루고 있었던 것입니다.

과학자들은 이 이성적 세계관을 받아들이며 발전하기 시작했습니다. 그러나 헤겔 이후 철학자들은 모두 신이 부재한 세계를 직면하고, 거기서부터 출발해야 했습니다. 그리고 **이런 세계에서 철학자뿐만 아니라 누구든 막연한 불안에 시달리며 살아가게 됩니다.**

한마디로, 신에게 버려진 인간의 불안입니다. 나는 애초에 무엇인가. 어디서 시작해 지금 이곳에 이르렀고, 앞으로 어디로 갈 것인가. 이 문제에 대해서 그동안 신은 철학자에게도 답해주었지만, 근대 합리주의 철학은 답해주지 않습니다. 이렇게 서양 문화가 신에게서 멀어지기 시작하며 사람들은 오히려 이 문제에 대한 답을 희구했습니다. 그러나 우리가 동굴에 살던 시절부터 품어 온 근본적인 존재와 생의 문제에 대해서 근대 철학은 충분한 대답을 내놓을 수 없다는 고민을 안게 되었습니다.

그래서 헤겔 이후 철학자들은 심리적으로 불안정한 상황에 놓였고, 이즈음에 이르러서야 드디어 오늘날 우리와 같아집니다.

헤겔 이후 철학자들은 순수하게 신을 찬미하기 위해서 학문에 파고들었던 유럽 중세 학자와 같은 마음가짐을 가질 수 없었습니다. 철학의 학문적인 틀인 '실체'와 '존재'와 같이 전통적인 질문을 하기 이전에, 자신의 존재를 모르게 된 것입니다. 그래서 철학에 몰입하는 동기에 '자기 탐색'이 추가되기 시작합니다. 무언가를 표현함으로써 자기를 실현하고자 하는 동기가 생겨난 것이지요.

한편, 학문으로서 철학을 배울 때, 선인의 방대한 연구 업적을 바탕으로 한 논문 형식의 발표가 필수적으로 여겨집니다. 일찍이 대학의 전문 학문 분야로 받아들여졌기 때문입니다. 철학에서 스스로 생각하고 그 생각을 다른 사람과 공유하는 것이 중요하긴 하지만, 반드시 학술 논문 형식으로 발표할 필요는 없습니다. 철학의 장벽만 높아질 뿐입니다.

근대로 들어서면, 다양한 분야의 사상을 저서로 출판할 수 있는 길이 열립니다. 그에 따라 일반 독자를 위한 수상록, 역사서, 경제서, 혹은 사회학이나 심리학과 같은 신흥 분야의 저서에서도 철학이 다루어질 가능성이 퍼져갔지요. 인세로 생계를 유지했던 최초의 철학자가 바로 영국의 데이비드 흄입니다. 흄은 당시 베스트셀러인 『영국사(The History of England)』의 인세만으로 생활할 수 있었다고 전해집니다. 철학책은 그 정도로 잘 팔리진 않았지만요. 한편, 니체는 『차라투스트라는 이렇게 말했다』라는 문학적인 사상서를 집필해 철학을 문학의 형식으로 구현하는 데에 성공합니다.

요컨대 철학의 표현 수단은 출판업의 번성과 함께 다양한 형태를 취하게 됩니다. 이러한 흐름에 뛰어든 **철학자, 사상가들은 어떠한 표현 활동을 통해 자기실현을 이루고자 하는 동시대 예술가 정신을 닮아갑니다.** 그리고 논리정연한 논문을 그 표현의 모범으로 삼지 않고, 영혼이나 정념, 혹은 존재의 심연을 보여주는 듯한 '심오한' 사상을 암시하는, 모호하고 그럴싸한 것들을 등장시킵니다. 예술에서 수사적인 기법이나 상징적인 표현의 사용은 일반적인데, 철학 또한 이러한 문학의 방식에 가까워지기 시작합니다.

❋ 진짜 철학 가려내기

신앙으로 뒷받침되던 안정적인 자기 인식에 기반해 오로지 존재와 실체의 문제를 탐구하던 고전적인 철학자의 모습은 과거의 것이 되었습니다. 현대에 들어서자, 철학자와 사상가들은 우선 신의 부재로 불안정해진 자신의 자리부터 확인하기 시작했습니다. 그리고 철학에 접근하는 방식도 다양해졌지요. 일단 우리에게 익숙한 학술 논문이 있었습니다. 선철의 이론을 정밀하게 해석하면서 논의를 전개하는 스타일이지요. 여기에 더해, 문학적인 수사법을 구사해 자기도 모르는 사상의 심오함을 암시하는 스타일도 등장합니다. 또한, 자기도 제대로 이해하지 못한 첨단 과학 용어를 남발하며 우월감을 과시하려는 허풍쟁이들도 있었는데, 특히 1980년대 프랑스 포스트모던 분야에 그러한 부류가 많았습니다. 그 분위기는 훗날 미국의 예일 대학가로도 전파

됩니다.

  그다지 바람직하지 않은 예는 차치하고, 현대 철학자들은 우리와 동시대의 문제를 공유하면서 다양한 표현 방식을 통해 재밌는 시도를 시작했다고 할 수 있습니다. 그래서 학술 논문이나 이론서뿐만 아니라 다양한 저작물을 통해 흥미로운 철학자들을 만날 수 있게 되었습니다. 다시 말해, 철학을 주제로 한 연구 논문이 아니라 쉽게 읽히는 에세이 중에서도 아주 깊은 통찰을 발견할 수 있는 것이지요. 일반적으로 현대 음악과 현대 예술은 난해하다고 생각하기도 합니다. 그러나 그중에서도 마음을 움직이는 작품이 있기 마련입니다. 철학도 마찬가지입니다. 무슨 말을 하는지는 잘 모르겠지만 감동을 주는 철학이 있습니다(개인적으로는 가짜가 더 많다고 생각하지만요). 그리고 대학에서 문헌 강독을 할 때처럼, 선철의 문장을 한 글자, 한 구절 열린 마음으로 다양하게 해석해 가다 보면, 난해한 문체의 현대 철학도 재밌어질 수 있습니다. 더 나아가서는, 플라톤 이후의 전통 철학이 가진 문예로서의 매력 또한 새삼 실감할 수 있을 것입니다.

  대학에서는 철학 문헌을 원서로 강독하는 전통적인 학습법을 이어오고 있습니다. 이 학습법은 법률해석학이나 성서해석학과도 비슷한, 상당히 독특한 지적 작업입니다. 이 훈련을 해두면, 철학자가 어떻게 말을 사용하는지 엄밀하게 파악할 수 있어 저자조차 깨닫지 못한 부분까지 이해하는 독해가 가능해집니다. 일반적으로 재밌다고는 말할 수 없는, 교과서처럼 수박 겉핥기식으로만 이해해 온 사상가의 작품에서도 의외의 재미를 발견할 수 있는 것이지요. 아니면, 그 반대로 대가라고 불리는 사람의 매우 허술한 서술이 제대로

I. 철학의 어려움과 즐거움에 대해

알고 보니 정말로 실망스러운 내용이었다는 것을 알게 되기도 합니다.

최근에 저는 허버트 스펜서의 『제1원리(First Principles)』의 종교론 부분을 원서로 읽었는데, 감탄이 절로 나오더군요. 반면, 장 자크 루소의 『사회계약론』은 다른 의미로 놀랐습니다. 『사회계약론』에서 다룬 인민 주권의 논의 내용보다 교묘한 언변과 논리 전개(라고 하는 사기)에 말이지요. 요컨대, 두 사람 모두 언어와 논리 구사 능력이 상당히 능숙하다는 사실을 새삼스레 깨달았습니다.

물론 독자 여러분은 철학 사상서를 읽겠다고 기합을 잔뜩 넣지 않아도 괜찮습니다. 그저 번역된 책을 보통의 책을 읽듯이 편하게 읽어도 충분합니다. 그리고 중요한 사상가는 따로 원서 강독 세미나 같은 활동에 참여하지 않아도 충분히 발견할 수 있습니다. 이는 현대 예술에서 마음에 드는 작가를 찾는 일과 비슷합니다. 그러니 특히 근현대 철학자 중 마음에 드는 철학자를 꼭 발견할 수 있으리라 생각합니다.

물론 예술의 세계 안에서도 각양각색으로 장르, 예술가의 스타일 등이 나뉩니다. 음악을 예로 들어 볼까요? 서양 전통 고전 음악부터 현대 음악, 재즈부터 록, 대중음악, 그리고 민속 음악 등의 다양한 장르에서 작곡가, 연주가, 싱어송라이터가 제각기 자기 방식대로 감동을 전합니다. 장르도, 연주 형태도 다르지만, 그들이 전하는 음악적 감동에는 차이가 없습니다. 소리를 내는 것만으로 감동을 선사하는 민요 무반주 독창이 있는가 하면, 오케스트라 연주에 맞추어 노래하는 오페라 가수의 노래도 있고, 복잡하고 지루한 음률로 최종 악장으로 갈수록 점점 고조시켜 마지막에는 감동의 눈물 흘리게 하는 교향곡이 있기도 합니다. 또, 악보의 지시를 충실하게 지켜 연주하며 작곡가의 세계를 재현할 뿐인데도 그 이상의 감동을 주는 클래식 연주자가 있는가 하면, 자기 메시지를 기타 하나에 소리와 가사를 실어 노래하는 노벨 문학상 수상자도 있기 때문입니다.

앞으로 중간중간 등장할 제가 좋아하는 현대 철학자들을 미리 소개하겠습니다. 젊었을 적부터 제게 많은 영감과 깨달음을 준 인물들입니다. O.S.워초프, 시몬 베유, 알랭, 막스 피카르트, 니콜라이 베르댜예프, 오르테가가 있습니다. 일본 철학자 중에는 사카타 도쿠오와 영문학자 후카세 모토히로, 그리고 평론가 후쿠다 쓰네아리의 저작을 여러번 읽었습니다.

이런 철학자와 사상가의 흥미로운 작품이 있었기에 철학을 향한 흥미를 이어갈 수 있었습니다. 여러분에게도 운명적인 책과의 만남이 찾아온다면, 철학의 전체적인 이야기도 아마 줄줄이 이해할 수 있을 것입니다.

그런데 오늘날에는 읽을 책이 너무 많은 데다 논자의 입장도 접근법도 다양해서 어떤 책부터 읽어야 할지 확실히 감이 오지 않지요. 제 스승인 나카무라 유지로 선생님은 17, 18, 19세기부터 철학자를 한 명씩 골라 그 저작을 거듭 반복해서 읽는 방법을 추천했습니다. 오늘날 다양한 사상가의 언변에 홀려 혼란스러울 때는 그 책들로 돌아가면 된다고 했습니다. 또 다른 철학 스승인 다테이시 다쓰히코 선생님은 결국 플라톤과 아리스토텔레스로 귀결되므로 그 둘을 깊이 새기며 읽으라고 조언했습니다.

저는 불초 제자라서 항상 스승님들의 가르침을 충실하게 따르진 못했지만, 그럼에도 이 책에 등장하는 철학사를 대표하는 저자들의 책은 가능한 한 여러 번 읽었습니다. 그리고 실제로 이런 독서 방식을 통해 기대를 뛰어넘는 것을 얻기도 했습니다. 고전은 읽을 때마다 어떤 새로운 깨달음을 얻을 수 있을 뿐만 아니라, 자신이 현재 파고들고 있는 개별의 이론적 주제에 대해서도 커다란 시사점을 제공합니다.

이 책은 철학자의 사상을 해설하고 요약하는 것이 아니라 철학자가 쓴 저작물의 구절을 살펴 해석하고 검토하는 방식을 취하고 있습니다. 해석 사이에 제가 학생 시절부터 지금까지 철학서를 어떻게 읽어 왔는지에 대한 경험담을 섞어가며 독자 여러분과 철학서를 강독하는 시간을 함께하려 합니다.

또한, 이 책에서 다루는 구절은 원서가 아니라 대부분은 비교적 손에 넣기 쉬운 문고판이나 신서판의 일본어 번역에서 발췌했습니다. 철학책을 독해하는 연습의 실황 중계라고 생각하며 즐겨주시길 바랍니다.

II. 철학 강의 실황 중계

II. 철학 강의 실황 중계

제1강

소크라테스
[BC 469/470-BC 399]

플라톤
[BC 428/427-BC 347/348]

소크라테스와 플라톤

❋ '훌륭한 삶을 사는 것'

그럼, 이제부터 본격적으로 각 사상가에 대해 알아 가볼까요? 시작하기에 앞서, 철학자들이 꼭 시대순으로 등장하지 않고, 때때로 주제와 관련 있는 현대 철학자가 등장해 시대를 넘나들 수도 있습니다. 이 점, 염두에 두고 읽어가길 바랍니다.

첫 번째로 다룰 철학자는 바로 고대 그리스의 철학자 소크라테스(BC 469/470-399)입니다. 철학사의 시조로 당연하게 언급되는 인물입니다. 그런데 소크라테스가 쓴 글은 하나도 전해지지 않습니다. 소크라테스의 사상은 오로지 제자인 플라톤(BC 428/427-347/348)의 저작, 대화편 속 등장인물의 말과 행동을 통해 전해지고 있습니다.

　소크라테스는 아테네 시민들이 진행한 재판에서 사형 판결을 받습니다. 그리고 이 판결을 받아들여 스스로 죽음을 택합니다. 현장에서 재판을 방청했던 플라톤은 『소크라테스의 변명·크리톤』을 써서, 당시 재판에서 펼쳐진 소크라테스의 변명과 친우 크리톤의 탈옥 권유를 소크라테스가 단호히 거절한 경위를 밝힙니다.

　플라톤의 서술 방식은 위에서 언급했듯이, 소크라테스를 주인공으로 해 다른 인물과 대화시키는 '대화편'이라는 방식을 취하고 있습니다. 소크라테스가 마치 연극 주인공처럼 등장해, 다른 사람들과 대사를 주고받습니다.

　참 대담한 서술 방식입니다. 철학이라고 하면 일반적으로는 왠지 논문처럼 어려운 서술 방식을 떠올리기도 합니다. 그런데 사실 철학에서 가장 중요한 것은 먼저 '생각하기'이고, 다음으로 그 생각을 다른 사람과의 대화 속에서 더욱 깊이 파고드는 것입니다. 그리고 이를 몸소 보여준 인물이 플라톤의 스승인 소크라테스입니다. 그래서 플라톤은 어떻게든 이를 재현하고자 대화편이라는 연극적인 형식을 고안해 냈습니다. 아무래도 플라톤 또한 소크라테스를 닮은 부분이 있어서, 글보다 살아 있는 인간의 존재와 언행이 더 흥미롭다고 생각한 듯합니다.

　어느 쪽이든, 철학의 시작에 이런 텍스트가 있다는 것은 대단히 기쁜 일입니다. 그렇지만 후대 철학자 모두가 이 스타일을 따르지는 않았습니다. 아리스토텔레스 이후부터는 학술 논문 스타일이 주류를 이루었기 때문입니다. 하지만 무엇을 어떻게 써도 괜찮다는 표현의 자유로움을 처음으로 제시함으

제1강 소크라테스와 플라톤

로써 플라톤의 대화편은 철학을 세상에 널리 알리는 일에 이바지하고 있습니다.

그럼, 이 책에서 주목하는 문장을 소개하겠습니다. 『크리톤』에서 발췌했습니다.

> **가장 중요한 것은 단순히 살아가는 그 자체가 아니라 훌륭한 삶을 사는 것이다** (플라톤 지음, 『소크라테스의 변명·크리톤』, 구보 마사루 옮김, 이와나미문고, 74쪽)

이 부분은 확실히 '초역'을 거칠 필요가 없어 보이네요.

크리톤은 소크라테스의 소꿉친구로 감옥에서 사형 집행을 기다리고 있던 소크라테스가 탈옥하도록 설득하러 왔습니다. 하지만 소크라테스는 법을 어기고 탈옥하는 것은 '잘 사는' 것이 아니라며 자진해서 형을 받아들이고 독배를 마셔 세상을 떠났습니다.

진선미의 일치

이 대사는 탈옥을 권한 크리톤을 오히려 설득하는 전제가 되었습니다. 크리톤에게 이를 확인한 다음, 소크라테스는 이어서

> **또한 훌륭하게 사는 것과 아름답게 사는 것과 정의롭게 사는 것은 같은 것이다** (같은 책, 같은 쪽)

이라며 확인을 요구합니다. 담백하게 쓰였지만, 상당히 어려운 말이네요. **진과 선과 미가 삶에 있어서 같다**고 단언하고 있습니다.

그리고 크리톤은 이에 대해 동의한 시점에서 소크라테스의 논리를 뒤집을 수 없게 됩니다. 훌륭한 삶을 사는 것이 아름답게 사는 것과 정의롭게 사는 것과 같은 의미라면, 부정을 저지르고 살 수는 없기 때문입니다.

소크라테스의 이야기는 상대의 동의를 얻어가며 논리를 이어가서, 상대가 예상도 못 한 곳으로 끌고 갑니다. 하지만 당장 내일이라도 사형이 집행될 상황에서도 소꿉친구인 크리톤을 상대로, 설령 그 결론이 자신의 죽음을 의미할지라도, 자신의 스타일을 일관합니다.

소크라테스가 이 논리를 펼친다면, 현실에서 훌륭하지도, 아름답지도, 정의롭지도 않은 모호한 가치관 위에 안주하던 당시 아테나뿐만 아니라, 어느 세계에나 존재하는 지식인들과 언론인들은 당연히도 전혀 상대가 되지 않습니다.

결과적으로 소크라테스는 그러한 사람들의 원한을 사게 되어 불합리한 재판에 회부되는 원인을 만들었습니다. 그런데 사실 원래 계기는 신탁 때문이었습니다.

이 내용은 같은 문고판인 『소크라테스의 변명』 중에 나옵니다. 어느 날, 소크라테스의 친구인 카이레폰이 델포이 신전에서 "소크라테스 이상의 현자는 한 명도 없다"라는 신탁을 받습니다. 소크라테스는 이를 믿지 못하고 당시 현자라고 불리는 사람들을 직접 만나 확인하고자 했습니다.

그러나 당시의 현자라고 불린 사람들은,

> 아무것도 모르면서 무언가를 알고 있다고 믿으며, 이와 반대로 나 '소크라테스'는 …… 적어도 스스로 모르는 것을 알고 있다고 착각하지 않는 한, 그 남자보다 지혜라는 면에서 조금은 뛰어나다고 생각된다.
>
> (같은 책, 21쪽)

라는 결론에 다다르게 됩니다.

확실히 상대방에게 원한을 샀을 것 같네요. 아는 척하는 사람은 지혜롭지 않은 것은 물론, 성실하지도 않은데, 똑똑해 보이려는 열정만큼은 계속 불태우고 있지요. 이 같은 유형의 사람은 정공법으로는 이길 수 없다는 것을 알게 되자, 뒤에서 여러 음습한 복수 계획을 세웁니다. 이와 같은 내용을 보면, 고대 그리스에도 오늘날과 마찬가지로 정직하지 못 하고 비열한 지식인들이 존재했다는 것을 알 수 있습니다.

✤ 철학자의 신

이 시점에서 주목하고 싶은 부분은 철학의 개조, 소크라테스가 현대인처럼 무신론자이거나 일본인처럼 실은 모든 곳에 신이 존재한다는 범신론적인 '무종교인'도 아니며, 진지하게 신의 존재를 믿어 델포이의 신탁을 검증하는 것이 이 일련의 행동의 동기가 되었다는 것입니다.

철학자라 하면, 아무래도 근대 철학 이후의 신학을 의식하면서도 이에 대항하는 틀을 만들어 그 안에서 사고하는 인물상이 떠오릅니다. 특히 일본의 지식인들은 자주 종교 문제에 둔감해서, 근대 이후의 철학에서도 중요한 의미를 지니는 신의 문제를 간과하는 경향이 있습니다.

실제로는 데카르트도, 칸트도, 헤겔도 개인적으로는 신실한 기독교 신자였으며, 하이데거처럼 처음부터 신학 연구에서 출발한 철학자도 있습니다. 서양의 지식인은 애초에 기독교 문화권에서 나고 자라기 때문에, 공통의 종교관을 가지고 있습니다. 그에 반해 일본의 지식인 대부분은 신사나 절에서 합장하면서 자신은 '무종교'라고 공언하기 때문에, 기독교 문화권 사람들의 절대적 유일신에 대한 감각과 의식은 좀처럼 이해하기 어렵습니다. 당연하게도 종교와 철학, 그리고 과학이 서로 유연관계인 동시에 긴장 관계라는 미묘한 사정은 대부분 이해의 한계점으로 작용합니다.

기독교 관점에서 보면 고대 그리스의 신들은 '이교도'의 신들이지만, 두 종교 모두 신을 중심으로 세계관을 형성하고 있습니다. 소크라테스와 그 뜻을 이은 플라톤은 신의 존재에 대해 의심하지 않았습니다. 그리고 이 전제를 바탕으로 '훌륭하게 사는 것', '아름답게 사는 것', '정의롭게 사는 것', 이 세 가지가 '같다'라는 앞의 표현이 등장하는 것이지요.

이 '같다'라는 것은 이른바 '이데아(실상)'라 불리는데, 플라톤의 『국가』 6장부터 7장에 걸쳐 논의됩니다. 이데아는 각각의 '진의 이데아', '선의 이데아', '미의 이데아'로서 눈에는 보이지 않지만, 사물의 근간 또는 신이 존재하는 곳에 있는 진정한 실재입니다. 이를 한마디로 표현하자니 어떻게 해도 억지스러운 느낌이 들긴 하지만, 왠지 굉장히 감사한 것입니다.

눈에 보이지 않는, 오감으로 감지할 수 없는 이데아가 있다는 것은 그렇다 치고, 그렇다면 눈에 보이는 우리 주변의 세계는 무엇일까요? 이데아가 빛이라고 하면 우리 세계는 그 그림자와 같은 것이라 합니다. 이것이 '동굴의 비유'로 사람은 원래 이데아의 빛이 희미하게만 닿는 동굴 같은 곳에서 살고 있고, 그 동굴 구석에 드리워진 이데아의 그림자를 현실이라고 생각하며 보고 있다는 이야기입니다.

물론 그림자이기 때문에 원래 빛을 어느 정도는 유추할 수 있어서, 둘 사이에 아예 관계가 없는 것은 아닙니다. 다만, 너무 눈부셔서 눈이 멀어버린다고 해도 그 빛을 제대로 보려한 이상한 사람은 철학자 정도밖에 없을지도 모르겠네요.

🌿 철학자의 이원론

이데아계와 현실계라는 두 기둥을 세워 세계를 입체적으로 보려는 것을 철학적 '이원론'이라고 합니다. 이원론은 불완전하고 충분히 파악할 수도 없는 현실을 완전한 존재에서 비롯된 빛에 비추어 보며 설명하는데, 이 세계를 설명할 때 아주 효과적인 도구이기 때문에 이후 철학자들도 자주 활용합니다.

이원론은 이데아론처럼 빛과 그림자, 선과 악, 혹은 종교에서의 신과 악마이기도 합니다. 그러나 대체로 **이원론의 양자는 대등하게 대비되지 않고, 전자가 종종 후자의 근원적 존재로 있으며 후자보다 처음부터 우위에 놓여 있습니다.** 이 논리는 압도적이고 절대적인 존재가 근본 원리가 됩니다. 거기서 발생하는 것을 통해 만물을 파악하려고 할 때, 서로 대립하는 자리에 극단적인 파생 대상을 두면 그 근본 원리가 한층 두드러집니다. 신과 악마의 대비를 예를 들어 보겠습니다. 악마가 신을 아슬아슬한 지점까지 몰아붙여 세계를 모두 악으로 물들이려는 순간, 극적으로 형세가 역전되며 최후에는 신이 압도적인 승리를 거두는 권선징악형 결말로 이야기가 마무리됩니다. 무엇보다도, 이런 대비는 다른 것을 배척함으로써 자신을 확립하려는 인간의 정념에 호소하는 사고 양식이기 때문에, 강력한 설득력을 발휘합니다.

하지만 이 전통적인 사고를 심화시켰던 근대의 이성 중심주의는 후에 비판을 받기도 합니다. 예를 들어, 제2차 세계대전 이후의 독일 호르크하이머이나 아도르노, 그리고 이 문제의식을 프랑스에서 공론화한 푸코, 들뢰즈, 데리다와 같은 포스트모던 사상가들은 오히려 이성 중심주의를 서양 철학적 사고를 지배한 악역으로 보기도 했습니다.

❋ 우리는 어디로 가는가?

지금까지의 내용을 종합하면, 소크라테스와 플라톤은 우리는 무엇이고, 어디에서 왔냐는 질문을 신, 이데아, 삶의 방식에 대한 문제로서 답하려고 한 듯합니다. 그런데 우리는 어디로 가는가라는 질문에 대해서는 영혼의 불멸이라는 문제를 내세워 다양하게 고찰했습니다.

우리는 이 세계에서 삶을 부여받은 이상 언젠가는 죽음을 맞이합니다. 형의 집행을 앞둔 감옥 안에서 쾌활하게 지낸 소크라테스는 죽음의 문제를 일찍이 극복한 것처럼 보입니다. 이런 면모를 엿볼 수 있는 일화가 『크리톤』 서두에 기록되어 있습니다. 늦은 밤 크리톤이 소크라테스에게 탈옥을 권하기 위해 감옥에 찾아왔는데, 정작 소크라테스가 깊이 잠들어 있어서 크리톤은 동이 틀 때까지 소크라테스가 일어나기를 기다릴 수밖에 없었다고 합니다.

감옥 안에서도 온화하고 쾌활한 소크라테스의 모습은 플라톤의 『파이돈』에 생생하게 묘사되어 있습니다. 소크라테스는 철학자에게 있어 죽어서 육체가 스러지는 일이란 순수하게 사색할 수 있는, 다시 없을 기회라고 생각했습니다. 생각하는 즐거움이 죽음을 이긴 것입니다. 영혼이 불멸이라면, 다시 말해 사후 세계가 존재한다면 그곳에 가는 것을 기대하는 것도 수긍이 됩니다. 실제로 『파이돈』에서 소크라테스는 사후 세계에서 선철들과 철학적인 논의를 하는 것을 진심으로 기대하는 것처럼 보입니다. 이 부분에 관한 내용은 실제로 『파이돈』을 읽어 보시길 추천합니다.

제 2 강

소크라테스와 베유

소크라테스
[BC 469/470-BC 399]

시몬 베유
[1909-1943]

자, 더 이상 그런 것은 생각하지 마

❋ 황혼의 포스트모더니즘

2강을 시작하기 전에 잠시 개인적인 이야기를 하겠습니다. 앞서 언급했던 것처럼, 1980년대에는 프랑스 현대 사상이 유행했는데요. 당시 저는 일본어로 읽으면 도통 무슨 말인지 모르겠는 포스트모더니즘 사상가들의 문장도 프랑스어 원문으로 읽으면 조금은 알 수 있지 않을까라고 생각했습니다. 또, 난해한 번역문을 다 이해했다는 듯이 거들먹거리는 것도 우습기도 하고 꼴사나운 것 같기도 해서, 프랑스어를 익혀 원서에 도전했습니다. 저의 경우, 프랑스 현대 사상을 통해 사상의 세계에 입문했습니다.

당시 푸코나 들뢰즈, 데리다 등의 책이 조금씩 번역되어 나왔는데, 왠지 그 책들에는 고상한 내용이 쓰여 있을 것만 같았습니다. 그런데 막상 펼쳐 보니, 무슨 말인지 도무지 짐작도 가지 않는 문장투성이라 두 손을 들 수밖에 없었습니다.

예를 들어, 데리다는 『그라마톨로지』에서 '존재'라는 문자 위에 가위표를 해놓았지요(나중에 알고 보니 하이데거를 따라한 것이었습니다). 그리고 푸코도 의미심장해 보이게 쓴 복잡한 서술 방식을 구사해서 독자를 거부하고 있는 것 같다는 생각마저 들 정도였습니다. 들뢰즈는 프랑스어로는 읽기 쉽게 써서 말하고자 하는 바가 대강 그려졌는데, 이상하게도 펠릭스 가타리는 언어유희인지 뭔지 헷갈릴 정도로 어리둥절한 글을 써서 어디까지 진심으로 쓴 것인지 가늠이 되지 않는 면이 있습니다. 어쩌면 본인들도 반쯤 농담 삼아 썼을지도 모를 일입니다. 지금 다시 읽어도 그다지 센스가 좋아 보이진 않는데, 본인은 자신의 프랑스식 유머에 만족하는 듯합니다.

그런데 저는 1980년대에 일불 철학회에서 데리다를 본 적이 있습니다. 마침 저는 학회의 참가 등록과 차 심부름을 돕고 있었습니다. 그리고 당시 심포지엄 석상에 있던 히로마쓰 와타루가 데리다에게 "당신이 말하는 것 말인데, 하이데거의 방식이지요?(요컨대 하이데거를 따라하는 것 맞지요?)"라고 말하는 순간을 목격했습니다. '그런 불편한 말을 아무렇지도 않게 하다니'라고 놀랐는데, 솔직하게 그 말을 인정하는 데리다의 모습에 오히려 감탄하고 말았습니다. 의외로 이런 질문은 일단 던져봐도 되는가 봅니다. 그리고 그날 이후, 데리다가 좋은 사람으로 보이더군요.

다시 본론으로 돌아와서, 저는 이 시기부터 포스트모더니즘 문장은 무의미한 난해함으로 치장되어 있을 뿐, 글을 쓴 본인에게도 반쯤은 의미불명의 주문 같은 것이라고 생각하기 시작했습니다. 물론 적지 않은 일본의 추종자들은 이런 현대 사상가들이 나름의 의도를 가지고 쓴 것이라고 주장하며, 그 주문 같은 문장은 전통적인 서양 형이상학에 휩쓸리지 않기 위한 전략이라고 호의적으로 해석하기도 했습니다. 이런 점에서 히로마쓰 와타루는 유행에 동조하지 않는 사상가였음이 분명해 보입니다.

이 당시의 배경에 대해서는 뒤에서도 다루겠지만, 당시 대표적인 사상가 중 한 명이었던 미셸 푸코는 친구인 존 설에게 이렇게 말했다고 합니다. 프랑스에서는 문장에 일부러 모르는 말을 10% 정도 섞어 쓰지 않으면 바보 취급을 받는다고요. 역시나 하고 이해가 가는 부분이 있었습니다. 한편, 최근에는 소칼 사건을 통해 프랑스 현대 사상이 허위와 과장으로 가득했다는 것이 일반적인 사실이 되었습니다. 이런 사건들을 거치고 나서야 드디어 불필요한 요소들을 걷어내고 그들의 사상을 평가할 수 있는 상황이 조성되었는지도 모르겠습니다. 그래서 다시 평가했을 때 어땠느냐고 하면, 제가 보기엔 대부분이 아무리 좋게 보아도 역사에 남을 만한 내용은 아니었습니다. 이 부분 또한 뒤에서 마저 적도록 하겠습니다.

🌿 베유 "더 이상 그런 것은 생각하지 마"

저는 헝가리 법 사상사의 문헌을 연구하는 동시에 프랑스 현대 사상에도 나름대로 관심을 두고 살펴보아 왔습니다. 이처럼 시대도 사상적 맥락도 전혀 다른 문헌을 읽기 위해서는 자기만의 서양 사상에 대한 일정한 평가 기준을 만들 필요가 있습니다.

그래서 대학원 박사 과정을 시작했을 무렵, 플라톤이나 아리스토텔레스의 기본적인 저작을 다시 한번 마음을 열고 읽어나갔습니다. 동시에 신구약 성경도 반복해서 읽었습니다. 지금 이렇게 다양한 서양 작가들의 책을 언급하고 있지만, 그 시절부터 수없이 반복해서 읽었고 지금도 기회가 있을 때마다 다시 읽는 책들이 중심을 이루고 있습니다. 그리고 무슨 일이 있을 때마다 이렇게 읽었던 선철의 말들이 머릿속에 떠오릅니다. 말이 떠오를 때도, 소크라테스가 실천(플라톤이 각색 혹은 창작)한 대화의 분위기가 전해질 때도 있습니다. 그리고 아마도 플라톤 이후의 철학자들 대부분 또한 소크라테스의 대화편을 한 번은 읽으면서 무언가를 사유했을 것입니다. 물론 다른 철학자의 저작을 거의 읽지 않고 독자적으로 사유한 비트겐슈타인은 제외하고요. 그리고 나중에 등장할 칸트와 다른 철학자들 또한 플라톤이 제시한 논의의 틀 안에서 곧바로 사유한다는 사실을 알 수 있습니다.

그런데 제가 프랑스 사상뿐만 아니라 카를 마르크스(1818-1883)나 지그문트 프로이트(1856-1939)를 포함한 현대 사상의 속박에서 해방될 수 있었던 계기를 제공한 인물이 있습니다. 바로 프랑스의 사상가 시몬 베유(1909-1943)입니다. 베유는 대학에서 철학 전문 교육을 받아[고등학교 시절에 알랭(에밀 샤르티에로, 알랭은 필명이다-옮긴이)의 학생이기도 했습니다], 서양의 전통적인 철학적 교양을 정식으로 계승했습니다. 베유와 관련된 저작 중에는 강의록이 있는데, 베유가 여자 고등학교에서 철학 교사로 근무했을 당시 학생들이 정성껏 필기한 것입니다. 그 강의록은 깜짝 놀랄 정도로 혜안으로 가득 차 있습니다.

그중에서 베유가 소크라테스에 대해 말한 부분은 저에게는 계시와 같았습니다. 베유는 프로이트가 말한 무의식에 대한 강의 중에 소크라테스의 문답법을 언급하며 다음과 같이 말했습니다.

> 그런데 잠재의식적인 관념에 맞서는 진정한 방법은 무엇이든 억압하지 않는 것, '소크라테스가 한 것처럼 모든 것을 양지로 끌어올리려고 노력하는 것'입니다. 잠재의식적인 충동에는 두 가지 오류가 있습니다. 하나는 그러한 충동을 억압하는 것, 또 다른 하나는 '자기 위안을 위해서 묻어 두려는' 것입니다.
>
> 우리가 해야 할 것은 자신에게 이렇게 질문하는 것입니다. "너는 대체 무얼 생각하고 있니? ─살인.─ 그럼, 더 이상 그런 것은 생각하지 마." 이렇게 하면 억압은 일어나지 않을 것입니다.
>
> 우리 안에 있는 괴물들을 양지로 끌어올려 괴물에 대항하는 것을 두려워해선 안 됩니다. 가톨릭에서도 '자기 안에서 발견한 것을 두려워하지 마라, 온갖 종류의 괴물이 거기에 있기 때문이다'라고 말합니다.
>
> 그러면 우리는 제대로 표현할 수 없는 사유에 대해서도, 제대로 표현할 수 있는 사유에 대해서도 똑같이 책임감을 가져야 한다는 결론을 내릴 수 있습니다.
>
> (시몬 베유 지음, 『철학 강의』, 와타나베 가즈타미·가와무라 다카노리 옮김, 진분쇼인, 121쪽)

'초역'이 필요 없는 문장이네요. 원래 이 책은 베유가 부임했던 여자 고등학교 학생들의 필기를 바탕으로 한 강의록이기 하지만, 번역을 거쳤어도 교단에 선 배우의 목소리와 모습이 생생하게 재현된 것 같습니다.

프로이트 또한 현대사회에 커다란 영향을 미친 사상가 중 한 명입니다. 프로이트의 무의식과 억압이라는 아이디어는 어느샌가 퍼져나가기 시작하더니, "무의식(하의식)을 억압하면 제멋대로 날뛰어서 곤란하니 절대 억압해서는 안 된다"라는 말이 현대사회의 통념처럼 되어 버렸습니다.

자기 안에 무의식처럼 불쑥불쑥 튀어나오는 충동을 품고 사는 사람들, 특히 20세기의 젊은이들에게 이 충동을 억압하지 않고 해방을 얻기란 어려운 일이었습니다. 그래서 소위 전문가라고 하는 사람들이 스포츠나 예술과 같은 다른 형태로 승화시킬 것을 장려했지요. 이 점은 오늘날과 크게 다르지 않습니다. 하지만 실제로는 그마저도 좀처럼 생각대로 되지 않아서, '연인이 생겼으면 좋겠다'라는 식의 아주 단순하고 소박한 욕구를 끌어안고선 몸부림치는 한심한 상황을 볼 수 있습니다.

그러나 이런 상황이 안 좋게 흘러가 범죄로 이어진다고 하면, 과연 가볍게 볼 수 없어집니다. 또한 자신의 무의식을 주체하지 못 하는 상태라면, 일단 그대로 어떻게든 지나가게 내버려두길 바라는 것이 전문가들의 은밀한 바람이기도 합니다. '자기 탐색'의 여로에 오르는 것도 다른 사람에게 피해를 주지 않는다면 불만을 들을 이유는 없기도 하고, 그런 여행자가 마음속에 절실한 문제를 품고 있다는 것도 조금은 헤아려주고 싶기도 합니다.

✳ 모든 것을 양지로 내놓은 다음, 금지할 것

다시 베유의 이야기로 돌아가겠습니다. 인용문 중간 부분을 보면, 억압이 일어나지 않도록 모든 것을 양지로 꺼내, 사악한 것이 나오면 그것을 바로 마주 보고 금지한다는 해결 방법을 제시하고 있습니다. 그리고 소크라테스의 문답법은 '모든 것을 양지로 꺼내는' 중요한 도구인데, 그 과정에서 튀어나오는 부정한 생각을 '금지'한다는 부분이 정말 신선합니다. 무의식은 억압해서는 안 됩니다. 그러니 의식의 표면으로 모두 꺼내어놓은 다음에 금지한다면, 그것은 실제로 '억압'이 아니게 된다는 의미이지요.

이와 동시에 '제대로 표현할 수 없는 사유'에 대해서도 우리는 '책임감'을 가져야 한다는 것을 알려 줍니다. 이 인용은 저를 현대 사상이 만든 독단의 구렁텅이에서 꺼내준 문장으로, 여러 번 다시 읽는 부분이기도 합니다.

그래서 내가 누구인지, 또 어떤 사람이 될 수 있는지도 모른 채 자기 인정 욕구와 리비도(욕동)로 구성된 무의식의 어둠을 품는 것은 종종 젊은이들의 특징적인 상태라고 할 수 있습니다. 물론 젊은이들에게만 해당하는 이야기가 아니라 해도요. 사실 저 또한 부끄럽게도 그런 고민을 하던 젊은이 중 한 명이었습니다.

그런데 일본의 젊은이들만 이런 상황에 놓여 있던 것은 아니었습니다. 서구의 젊은이들도 마찬가지였지요. 이 사실을 알게된 것은 시간이 지나 미국의 복음과 신학자·철학자인 프란시스 쉐퍼(1912-1984)의 저작 중 특히 초기의 모든 저작을 접했을 때였습니다. 쉐퍼는 제2차 세계대전 이후 스위스로 건너가, 현대 사상과 현대 문화의 독기에 당한 젊은이들을 위한 '라브리'(피난처, L'abri)를 만들어 세계 곳곳에서 고통받는 젊은이들을 돌보았습니다.

생각해 보면, 서양 근대의 이성 중심주의를 비판하는 현대의 사조는 일본의 무종교적인 가치 상대주의(그래서 더욱 강한 집단 동조 압력이 지배하는) 환경 속에서 자란 세대와 실은 그런대로 잘 맞는 사상이었던 것 같습니다. 하지만 서구의 기독교 문화권에서 자란 젊은이들에게는 정신 깊숙한 곳에서 상당히 파괴적인 영향을 미쳤을 것입니다. 저는 나중에야(헝가리 유학 중 혹은 유학 후에) 그것을 깨달았습니다.

다행히도 저는 스위스 라브리까지는 가지 않고 끝났습니다. 저를 구한 것이 바로 앞서 소개했던 베유입니다. 당시 저명한 현대 사상가들이 많다 보니, 저는 그들의 저서를 읽으면서 점점 혼란을 겪었는데, 그때 베유의 강의록을 만난 것이지요. 베유가 무의식의 어둠이 가진 사악한 부분을 소크라테스의 문답법으로 양지로 꺼낸 다음, '억압'이 아니라 '금지'한 것은 신선한 아이디어, 그 이상의 의미였습니다.

이 일은 텍스트가 남아 있는 한, 철학이나 사상이 시대를 초월해 영향을 미치고 이어질 수 있다는 사실을 잘 보여주고 있습니다. 그러므로 그런 내용을 포함한 이야기도 함께 나누고 싶네요.

제 3 강

아리스토텔레스와 실체

아리스토텔레스
[BC 384-BC 322]

존재론의 시작

❋ 만학의 시조

아리스토텔레스는 플라톤이 세운 학교 '아카데미아'에서 수학한 플라톤의 애제자 중 한 명입니다. 앞서 말했다시피, 학생 시절에는 공부보다 연극에 심취해서 플라톤에게 잔소리를 듣기도 했습니다. 그래서인지 시간이 지나 자신의 책을 저술하게 되자, 플라톤처럼 연극적인 구성을 가진 대화편도 많이 썼다고 합니다. 그러나 안타깝게도 모두 소실되어 현재는 학술적인 논문 형식으로 쓰인 저서만 남아 있다고 하네요. 그리고 학술 논문 형식을 확립했다는 점에서 후대의 사람들은 아리스토텔레스를 '만학의 시조'라고 불렀습니다.

아리스토텔레스가 푹 빠져 지냈다고 전해지는 연극에 대한 감각을, 실전돼 대화편뿐만 아니라 학술 논문에서도 살려주었다면 분명 재밌는 글이 되었을 것입니다. 사실 그렇게 할 수 없었지만요. 아리스토텔레스는 학문에 있어서는 상당히 고지식한 데가 있어서, 세상의 모든 분야에 대해서 전부 정리해 체계화한 방대한 양의 학술 논문을 써냈습니다. 그래서 그 사상뿐만 아니라 논술 스타일까지 포함해 아리스토텔레스의 저작이 이후 모든 학문의 모범이 된 것입니다.

철학은 물론, 대학의 교양 수업으로 듣는 정치학, 윤리학, 논리학 등에서도 반드시 아리스토텔레스를 언급합니다. 아리스토텔레스의 잘 정리된 논리와 체계적인 사고법은 학문의 모범으로 삼든 그렇지 않든 넘어서야 할 벽으로 후학들의 앞을 가로막고 있습니다. 그러다 보니 이후 사상가 중에서도 아리스토텔레스를 좋아하든 싫어하든 도저히 무시할 수가 없다는 사람들이 적지 않습니다.

중세의 토마스 아퀴나스가 아리스토텔레스에게 아주 큰 영향을 받았다는 사실은 말할 것도 없고, 근대 이후 사상가 중에서는 헤겔, 마르크스, 하이데거, 그 외에도 칼 폴라니 등을 들 수 있겠네요. 그들의 저서를 보면, 아리스토텔레스를 자주 강하게 의식하고 있는 것을 엿볼 수 있습니다.

앞에서도 다루었지만, 제가 대학과 대학원을 다니던 시절에 배웠던 철학 교수 다테이시 다쓰히코 선생님은 막히는 부분이 있을 때마다 일단 플라톤과 아리스토텔레스로 돌아가라고 말씀하셨습니다. 불초한 저는 이 전혀 다른 철학자 두 명을 모두 똑같이 좋아하지 못하고, 플라톤만 반복해서 즐겨 읽고 아리스토텔레스는 마지못해 읽었던 것 같습니다. 긴 여행이나 유학을 갈 때, 바로 끝까지 읽을 수 없는 『형이상학』 같은 책을 들고 가서 읽을 수밖에 없는 상황을 만들기도 했습니다.

처음에는 지루하고 이해가 되지 않았습니다. 하지만 오랜 세월에 걸쳐 반복된 독서, 그리고 나이와 함께 축적된 경험이 맞물리며, 아리스토텔레스의 『형이상학』 등도 서서히 익숙해졌고, 어느 정도는 이해할 수 있게 되었습니다. 또한 이 책에서 하이데거 부분을 집필할 때 역시나 궁금한 부분이 생겨 오랜만에 아리스토텔레스로 되돌아가기도 했습니다. 최근에는 도서관에서 폐기하려던 아리스토텔레스 전집을 입수하기도 했고, 다테이시 선생님의 가르침을 지키기 위해 수행 삼아 처음부터 다시 읽어 보려 합니다.

❋ '실체'를 탐구하는 일

이번에는 『형이상학』에서 아리스토텔레스가 말한 '실체'에 대해서 살펴보겠습니다.

> **따라서 제일(第一)에 있는 것인 [제1의적인 존재]는 — 즉, 어떤 무언가로 있다고 불리는 것이 아니라 명백하게 있는 '존재한다'라고 불리는 것은 실체임이 틀림없다.**
> (아리스토텔레스 지음, 『형이상학 <상>』, 이데 다카시 옮김, 이와나미문고, 227쪽)

그렇습니다, 세계에 '제일(第一)에 있는 것'이 '실체'입니다.

그리고 **여기에 있는 '이것'은 무엇인가**, 애초에 '있다'라는 것은 무엇인가라는 문제가 '실체란 무엇인가'라는 형태로 질문하고 있습니다.

> 그러므로 실로 오래전부터, 지금도, 또 언제나 영원히 질문하고 답을 구할 것이며, 또 언제나 난문에 봉착하는 '존재(on)란 무엇인가?'라는 문제는 결국 '실체(ousia)란 무엇인가?'다. 생각건대 이것을 어떤 사람들은 하나라고 하며, 다른 어떤 사람들은 하나보다 많다고 하고, 그리고 그중 어떤 사람들은 한정된 수만큼 있다고 하고, 다른 어떤 사람들은 무한히 많이 있다고도 하기 때문이다. 그러므로 우리 또한 이처럼 존재하는 것, '즉 실체'에 대해서 그 무엇인가라는 질문을 가장 주로 해 제일로, 아니, 이를테면 오로지 이것만을 연구해야 한다.
> (같은 책, 228쪽)

초역

철학은 '존재'라는 모호한 말이 아니라 '실체'라는 말을 사용해야 한다.

즉, 무엇인가가 '있다'라는 문제를 '존재'로서 개별적으로 떼어내 생각해 보면, '존재'라는 말은 원래 동사라서 그 주어가 되는 '무엇이'라는 부분을 특정할 수 없습니다. 갑자기 불쑥 이해하기 어려운 설명이 나왔네요. 고대 그리스어로 쓰인 글을 번역한 것이라서 그렇습니다. 영어의 'be'라는 동사를 떠올리면 무슨 설명인지 상상할 수 있을 것입니다. 다시 설명하면, be 동사를 문장 안에서 사용할 때, 인칭이나 수에 따라서 형태를 바꾸어야 하지요. 그런데 'be'라는 형태로 따로 떼어놓고 생각하면 주어가 무엇인지, 단수인지

복수인지, 한정된 이야기인지, 일반적인 이야기인지를 특정할 수 없습니다. 그래서 '실체'라는 표현으로 이것을 대상으로서 고정하고, 주어로서 다룰 수 있도록 하자는 의미입니다.

그런데 이 부분을 일본어에 대입해 보면, '있다(ある)'를 '있는 것(あること)'으로 바꾸어 써도 주어에 따라 '있다(ある)'라는 술어가 인칭 변화나 복수형 활용이 적용되지 않습니다. 그러므로 무리하게 문제 삼지 않아도 괜찮습니다. 하지만 어휘나 어원, 그리고 그 용법을 단서로 한 분석적 고찰은 아리스토텔레스 이후, 서양 철학에서는 하나의 전형적인 분석 방법으로서 흔히 활용되었습니다. 어쨌든 이 인용문에서 아리스토텔레스는 '존재'라는 모호한 말을 피하고 '실체'라는 개념을 중심으로 철학을 논하자고 말하고 있습니다.

✻ 주어야말로 모든 것이다

'실체'라는 단어는 그리스어로는 '우시아'라고 합니다. 라틴어로는 substantia라고 하는데, 영어와 독일어의 어원이지요. 하지만 상황에 따라서 '기체(基體)'라든지 '주어', 혹은 '본질'로 번역되기도 하는(앞의 책, 이데 다카시 주석, 320쪽, 365쪽) 단어입니다. 번역자의 고생이 예상되네요. 한편, 아리스토텔레스는 '그것이 무엇인지를 나타내는 존재'를 '실체'라고 불렀습니다.

이때, 언어의 문제, 더 정확히는 그리스어의 문제가 하나의 벽으로 작용합니다.

앞의 인용에서도 알 수 있듯이, 그것의 속성을 나타내는 '~이다'라는 표현과 분명하게 존재를 나타내는 '~가 있다'라는 영어의 be동사와 같은 활용이 그리스어에도 있었습니다. 그중 존재를 나타내는 '있다'를 제1의적인 실체로 생각했습니다. 그리고 다음과 같이 말했습니다.

> 실체란 다른 어떤 기체[주어]의 술어[속성]도 아니고, 그것 자체가 다른 술어[속성]의 주어[기체]가 되는 그것이었다. (같은 책, 231쪽)

초역
주어를 정하면 그것이 전부다.

실체는 주어-술어 관계에서 주어로서 대상을 정의하고, 분류하고, 체계화합니다. 이는 주어가 항상 앞에 놓여 주어를 지배하는 형태의 문법구조에 대응한다고 볼 수 있습니다. 다만, 모국어가 다른 저에게는 낯선 감각입니다. 이는 유럽적인 사고의 핵심이긴 하지만, 뭐든 상대의 기준에서 이해하려 할 필요는 없다고 생각합니다.

이런 점에서 저의 스승인 나카무라 유지로 선생님이 술어적인 세계의 논리에 주목했던[나카무라 유지로 지음, 『술어적 세계와 제도(述語的世界と制度)』, 1998, 이와나미서점, 국내 미발간] 것은 탁월한 통찰이었다고 생각합니다. 아리스토텔레스 이후 철학의 주어적 논리 방법에 대해 술어적 세계의 관점에서 이의를 제기한 것입니다. 이는 곧 나카무라 선생님 자신이 함양해 온 철학적 방법론을 의심하는 것이기도 했습니다. 그리고 새삼스럽지만, 전문가들 사이에서 고독한 싸움을 해야만 했던 선생님이 그려지네요.

그런데 아리스토텔레스가 말하는 '실체란 무엇인가'라는 문제의 탐구는 어디까지나 현실에 있는 것을 대상으로 하는데, 그렇다고 이데아를 완전히 배제한 것은 아닙니다. 아리스토텔레스는 실체에 대치시키는 이데아를 실체와는 별개의 개념으로 보지 않고 실체 안에서 이상이 실현되어 간다는, **이상이 실체 그 자체에, 즉 잠재적으로 가능했던 것이 실현에 가까워져 간다**는 논법을 취합니다.

사물에는 형상(에이도스)와 질료(힐레)가 있는데, 서로 나누어지기 어렵게 결합되어 있습니다. 그 상태로 다양한 형태―가능태(디나미스)와 현실태(에네르게이아)―로 나타나면서, 점차 실체에 가까워진다는 의견입니다.

아리스토텔레스가 말하는 '형상'은 플라톤의 '이데아'에 가까운 것인데, 형상이 실체에 가까워진다니 언뜻 보기엔 이상한 표현입니다. 이 표현은 플라톤이 생각했던 것처럼 이데아가 절대적인 저쪽 세계에서 현실계를 비추는 먼 존재가 아니라 **현실 속에서 생생하게 살아 숨 쉬는 본질**이라는 이미지로 파악할 수 있겠습니다.

이 논리는 플라톤의 이데아론에 기반한 발상임이 분명합니다. 하지만 아리스토텔레스의 논리 전개는 동태적인 현실을 포착하는 논리로서 탁월해 보입니다. 특히, 현대인의 눈에는 플라톤이 주장한 이데아론의 발전형으로서 아리스토텔레스의 논리가 더 매력적으로 보입니다. 왜냐하면 현대인들은 절대적인 가치를 전면에 내세우는 것을 주저하는 경향이 있기 때문입니다. 논리가 다소 뒤섞여 있다는 점도 학문적 성취감을 만족시켜 주는 것 같습니다. 이렇듯 주장을 정밀하게 전개하기 위한 독특한 용어 사용과 함께 아리스토텔레스의 주장은 후대 철학 태도의 모범으로 자리 잡습니다.

논의 내용에 있어서, 주술관계에 있는 '존재=실체'의 논리에서 출발해, 제1원리에서 시작된 연역적 논리 체계를 구축하는 빈틈 없는 스타일로 기독교의 신학자를 거쳐, 이후 철학자들에게 커다란 영향을 끼칩니다.

형이상학에 대해 사유하던 스피노자나 라이프니츠가 갑자기 '실체'를 논한 것도, 바로 아리스토텔레스 이후의 전통을 이어받은 것입니다. 그리고 현대에서 하이데거가 '존재 그 자체'를 지향했던 것 또한 전통적으로는 아리스토텔레스 이후의 '실체'를 다루고 있다고 할 수 있습니다.

신을 향한 찬미

그러나 중세 로마 시대에 들어서며, 아리스토텔레스는 오랫동안 잊힌 존재였습니다. 그런데 아리스토텔레스의 사상에 신을 부정하는 내용은 없어서 그의 모든 저작이 이슬람 문화권에서 역수입되어 로마에 유입되었습니다. 그리고 다행히 책이 불태워지는 일은 일어나지 않았습니다. 아리스토텔레스의 신에 대한 생각은 다음의 인용문에서 확인할 수 있습니다.

> 만약 이같이 좋은 상태에ㅡ우리는 아주 잠깐의 시간 동안밖에 있을 수 없지만ㅡ신은 영원히 있는 것이라고 한다면, 그것은 경탄해 마땅한 것이다. 그것이 더욱 훌륭하고 좋은 상태라면, 더욱 그것만 많이 경탄해야 한다. 그런데 신은 실제로 그러하다. 게다가 생명마저 그에게 속해 있다. 왜냐하면 그가 가진 이성의 현실태는 생명이며, 심지어 그야말로 그러한

현실태이기 때문이다. 그리고 그의 완전히 그 자체인 현실태는 최고선의 생명이자 영원의 생명이다. 그러므로 우리는 주장한다, 신은 영원토록 최고선이 되는 살아 있는 자이며, 따라서 연속적이고 영원한 생명과 영겁이 신에게 속하면, 대저 이것이 신이기 때문이다.

(같은 책 <하>, 153-154쪽)

초역

영원의 생명이자 최고선인 신, 만만세. (단, 고대 그리스의 신입니다)

아리스토텔레스는 신앙에 관해서는 플라톤의 경건한 태도를 이어받았습니다. 그리고 신은 이데아로서 초월적이고 절대적인 존재라고 받아들인 다음, 그것이 영원의 생명으로서 현실 속에 살아 숨 쉬고 있다는 견해를 보입니다. 이 논리는 적어도 신을 부정하지 않기 때문에 기독교에서 당장 배척당하지 않았고, 훗날 아리스토텔레스의 사상이 이슬람 문화권을 거쳐 유럽에서 재발견되었을 때 그 영향력은 무시할 수 없게 됩니다. 중세 유럽에서 그리스 철학을 이교도로 간주하고 등한시하던 시절, 이슬람 문화권에서는 이슬람교 학장들의 주도 아래 플라톤이나 아리스토텔레스, 혹은 플로티노스에 대한 면밀한 문헌 해석 연구가 진행되었습니다.

그리고 십자군 전쟁을 계기로 이슬람 세계에서 그리스 철학이 유럽에 유입되는데, 그리스 철학을 통해 중세 기독교 철학을 다시 정립하려 했던 인물이 바로 다음에 등장할 토마스 아퀴나스입니다.

II. 철학 강의 실황 중계

제4강

토마스 아퀴나스

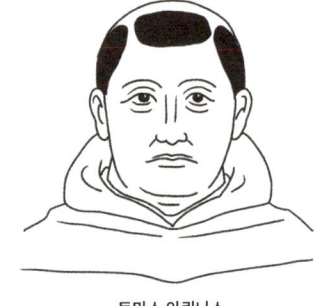
토마스 아퀴나스
[1225-1274]

이른 르네상스

❋ 존재 원인으로서의 신

지금부터 소개할 토마스 아퀴나스(1225-1274)는 아리스토텔레스의 이론을 충실하게 계승한 인물입니다. 『신학대전』 제1부 제2문 「신에 대하여, 신은 존재하는가?」에서 토마스는 제1원리나 주어술어 관계에 기반한 분석, 가능태와 현실태와 같은 아리스토텔레스 이론의 도구를 자유롭게 구사하면서, 신의 존재 자명성과 논증 가능성을 검토합니다.

토마스는 신의 존재는 인간에게 보이지 않고 이해할 수 없는 것이기 때문에, 직접적으로 논증할 수 없다고 합니다. 그래서 그 전제를 바탕으로 신의 존재에 기인한 현실 세계의 결과를 보고, 결과로부터 원인이 되는 존재를 논증하는 실증적인 방법을 취하고자 합니다(토마스 아퀴나스 지음, 『신학대전 I』, 야마다 아키라 옮김, 주오코론샤, 86-88쪽). '신의 존재가 자명하다면, 그로부터 모두 연역적으로 체계가 만들어져 가는 것인가'라는 생각이 듭니다. 그런데 토마스는 의외로 근대적인 발상으로 논의를 전개합니다.

> 실제로 어떤 결과가 그 원인보다 우리에게 더욱 분명한 경우에는 우리는 결과를 통해서 원인의 인식으로 나아간다. …… 결과는 원인에 의존하는 것이므로, 결과의 존재가 인정된다면 그 원인이 먼저 존재하는 것은 필연이기 때문이다. 그러므로 '신이 존재한다'라는 것은 우리에게 자명하지 않으므로, 그것은 우리에게 알려진 결과에 의해 논증되어야 할 것이다.
> (토마스 아퀴나스 지음, 『신학대전 I』, 87-88쪽)

이 인용과 아리스토텔레스의 『형이상학』 중 다음 대목이 겹쳐 보이지 않나요?

> 왜냐하면 이미 각각의 사물은 개별적인 것, 혹은 하나의 개체이며, 그 가능한 형태와 현실적인 형태란 어떤 하나의 개체이기 때문이다. 그러므로 각각의 사물을 그 가능태에서 현실태로 움직이는 것이 있다는 것 이외에는 다른 어떤 원인도 없다.
> (아리스토텔레스 지음, 『형이상학 <상>』, 313쪽)

초역

신의 존재에 대해서는 모든 원인이 되는 것으로 추측할 수밖에 없다.

토마스는 아마도 아리스토텔레스의 이러한 주장을 여러 번 반추하듯이 되풀이하면서 읽고, 생각을 다듬었을 것입니다. 가능태와 현실태에 대해 토마스는 다음과 같이 받아들입니다.

> 움직이게 한다는 것은 무언가를 가능태에서 현실태로 끌어내는 것이 분명하지만, 무언가가 가능태에서 현실태로 끌어내질 수 있으려면 어떠한 현실태에 존재하는 자에 기인해야 한다. (앞의 책, 『신학대전Ⅰ』, 94쪽)

무언가를 움직이는 것이 있는 이상, 현실에 존재하는 존재를 가정하지 않을 수 없다는 아리스토텔레스의 논리를 토마스도 잇고 있습니다. **신이 창조한 자연을 연구함으로써 신의 법칙을 발견하고, 신을 찬미한다는 논리가 인정된 것입**니다. 이는 안심하고 자연 그 자체를 연구하는 일에 전념할 수 있다는 의미이며, 이후 **자연 연구의 추진력이 되는 사상**이기도 합니다.

❋ 12세기 르네상스

한편, 아리스토텔레스도 설마 자신의 사상이 훗날 이슬람권에서 보존·연구되어, 약 1500년 이상 지난 뒤에 유럽의 기독교 신학·철학의 핵심 논리로서 다시 꽃피리라고는 꿈에도 상상하지 못했을 것입니다. 아리스토텔레스의 영향을 받은 토마스는 현실 존재를 관찰해 신의 존재와 법칙성을 실증하고자 했는데, 그 방법은 지극히 근대적인 것이었습니다. 신이 창조한 세계를 관찰하고 거기에서 신의 법칙을 발견해 신을 찬미하려는 자세는 과학 그 자체입니다. '12세기 르네상스'란 C.H.해스킨스(1870-1937)가 제창한 개념인데, 15세기 르네상스보다 앞서 사상이나 예술 분야에서 이미 그 싹이 보였다는 주장입니다. 이러한 관점에서 보면, 12세기의 아벨라르가 기초를 다진 스콜라 철학을 13세기의 토마스가 계승해 완성했다는 견해도 충분히 일리가 있습니다. 무엇보다도 최근에는 중세와 르네상스는 단절보다 연속성이 강조되고 있어서, 그렇게 놀랄 일도 아닌 것 같네요.

시대를 꽤 넘나들긴 했지만, 저작이 남아 있다면 다양한 사상이 시대를 초월해 영향을 미칠 수 있다는 점이 철학·사상사를 더욱 흥미롭게 만듭니다.

더구나 여기서 토마스를 다룬 이상, 기독교 철학의 선구자로서 800년 정도 거슬러 올라가 아우구스티누스의 저작을 다루지 않을 수가 없습니다. 우선 아우구스티누스의 사상을 살펴본 다음, 다시 17세기 근대 합리주의 철학의 창시자인 데카르트(1596-1650)로 돌아갈 예정입니다.

마치 시간 여행하듯이 사상사를 왔다 갔다 하는데, 기본적으로 선인의 책을 꼼꼼하게 읽어가면서 자기만의 사상을 구축하는 철학의 흐름을 존중하려는 의도입니다. 아리스토텔레스의 저작을 토마스가 면밀히 읽고 분석한 것처럼, 데카르트는 아우구스티누스의 저작을 상당히 공들여 여러 번 읽어서 문제의 수립 방법을 배웠습니다.

제 5 강

아우구스티누스와 데카르트

아우구스티누스
[354-430]

데카르트
[1596-1650]

신과의 대화

❋ 사물의 논리가 아닌

아리스토텔레스와 토마스 아퀴나스 사이에는 1500년 이상의 시간 차가 있습니다. 책이 시공간을 넘어 깊은 영향을 미쳤다는 점에서는 그 영향력은 성서의 영향에 필적하는 데가 있습니다. 그런데 토마스를 언급한다면, 역시 아우구스티누스(354-430)를 빼놓을 수가 없습니다.

아우구스티누스는 토마스와는 달리 아리스토텔레스보다 플라톤의 사상과 결이 잘 맞았던 것 같습니다. 엄밀히 따지자면, 플라톤이라기보다는 후세의 신플라톤주의의 창시자, 플로티노스(205?-270)로 대표되는 플라톤 학파의 책에서 영향을 받았습니다. 그에 대해서는 뒤에서 다루기로 하겠습니다. 하여간 그렇다고 아우구스티누스가 아리스토텔레스와 관련해서 읽지 않은 것은 아닙니다. 아우구스티누스의 저서로 잘 알려진 『고백록』에서는 스무 살이 될 무렵 난해하다고들 하는 아리스토텔레스의 『범주들』을 어려움 없이 이해하고는 "실체 그 자체에 속하는 무수한 사물에 대해서 아주 명료하게 이야기하고 있다고 생각했다"(아우구스티누스 지음, 『고백록 〈상〉』, 핫토리 에지로 옮김, 이와나미문고, 123쪽)고 말했습니다. 그러나 동시에 이 이해는 오히려 '나를 해치고', 신에 대한 이해를 방해한다고도 했습니다.

> 나는 존재하는 것은 모두 그 열 개의 범주에 의해 완전히 포괄된다고 생각해서, 나의 신이여, 놀라운 방식으로 단순하고 불변하는 당신까지도 당신이 당신의 위대함과 아름다움의 기체인 것처럼, 당신의 위대함과 아름다움이 물체에 임한 것처럼, 기체로서의 당신 안에 존재하는 것처럼 이해하려고 했다. 하지만 실은 당신 자신이 당신의 위대함과 아름다움이다. 이에 반해 물체는 물체이기 때문에 위대하고 아름답지 않다. 물체는 위대하고 아름답지 않아도 물체라는 것은 변하지 않기 때문이다. 즉, 내가 당신에 대해서 생각한 것은 허위이자 진실이 아니며, 나의 초라한 거짓말이며, 당신의 행복을 불러오는 확실한 인식이 아니다. (『고백록 〈상〉』, 124쪽)

초역

내가 사물의 논리로 만들어낸 것은 신에게 통하지 않는다.

아우구스티누스처럼 '내가 생각한 것이 옳지 않은 것은 아닐까?'라는 의심에서 출발하는 부분은 절대신을 믿는 사람에게는 당연한 태도일지도 모르지만, 중요한 것은 이성을 의심한다는 점입니다. 이는 '내가 생각한 것은 생각할 것도 없이 옳다'라는 근대인의 생각과는 정반대입니다. 그래서 이 점에 거듭 주의가 필요합니다. 다만, 근대 합리주의 철학을 개척한 데카르트도, 실은 그 결론에 이르기까지 오랫동안 온 정신을 쏟아가며 생각했는데, 이 내용은 뒤에서 보도록 하겠습니다.

우선 이 인용문에서 아우구스티누스는, 아리스토텔레스가 플라톤의 이데아를 실체 안에 편입하려고 했던 시도를 이해했으며, 그것이 기독교의 신에 대한 이해하는 데 방해한다는 점을 간파한 것으로 보입니다.

어쨌든 이런 아우구스티누스가 플로티노스에 푹 빠진 것도 이해가 됩니다. 『고백록』에 나오는 "그리스어에서 라틴어로 번역된 플라톤 학파의 어느 서적"이라는 것이 플로티노스의 저작이 아닐까 추측하고 있는데, 거기에는 요한복음의 "태초에 말씀이 계시니라"라는 구절을 연상시키는 내용이 쓰여 있었다고 합니다(같은 책, 219-220쪽).

참고로 플로티노스의 책은 이와나미문고에서 『선이 되는 것과 하나가 되는 것(On the Good, or the One)』이 출간된 적이 있고, 최근 책으로는 주오코론신샤에서 나온 『엔네아데스』가 있습니다

다시 말해, 아우구스티누스는 『고백록』에서 다음과 같이 플로티노스의 『엔네아데스』를 인용하고 있습니다.

> "모든 시간에 앞서며, 모든 시간을 초월해 변함없이 당신과 함께 영원하다"
>
> (『고백록 <상>』, 221쪽)

『엔네아데스』 제5논집 제1논문의 제목은 「세 개의 원리적인 것에 대해서」입니다. 앞의 책 모두 다나카 미치타로의 일본어 번역본으로 보았는데, 이 인용과 같은 문장을 발견하지 못해 난감하네요. 다만, 여기는 "같은 곳에 정지한 채 있는 만물을 자기 자신 안에 꼭 붙들고 있다. 그리고 그저 한결같이 있을 뿐"(플로티노스 지음, 『선이 되는 것과 하나가 되는 것』, 다나카 미치타로 옮김, 이와나미문고, 1961, 63쪽)이라는 시간을 초월한 '지성신'에 대해서 서술한 부분으로, 아우구스티누스는 이 구절이 신의 독생자인 예수 그리스도를 가리킨다고 해석하고 있습니다.

그러나 이런 직접적인 인용 전에, 아마도 아우구스티누스는 플로티노스가 신=하나인 것, 즉 '일자(一者)'인 존재로 거슬러 올라가는 논변에 매료되었던 것 같습니다.

> 우리가 구하는 것은 하나인 것이며, 우리가 고찰하는 것은 만물의 시작을 이룩하는 곳의 선이며, 제일자(第一者)이기 때문에 만물의 말초에 빠져 그 근원에 있는 것으로부터 멀어지는 일이 있어선 안 된다. 오히려 노력해 제일자(第一者)가 있는 곳으로 자기를 향상해 복귀시키고, 말초에 지나지 않는 감각물로부터는 멀어지고, 일체의 열악에서 해방되어야 한다. 왜냐하면, 필사적인 노력의 목표는 선에 있기 때문이다. 그리고 자기

> 자신 안에 있는 시작에까지 올라서, 다수에서 하나가 되는 것처럼 해야 한다. 사람은 그에 따라 이윽고 시작의 일자(一者)를 볼 것이다. 즉, 지성으로 완전히 변해, 자기 정신을 이것에 의탁하고, 그 아래에 두어 지성이 보는 것을 정각(正覺)의 정신이 수용하듯이 해, 일자(一者)를 이 지성에 의해 보도록 해야 한다. (플로티노스 지음, 『선이 되는 것과 하나가 되는 것』, 19쪽)

초역

만물의 다양성으로부터 근원에 있는 유일한 선을 추구하라.

인용문을 보면, '정각(正覺)' 등의 번역어가 쓰였는데, 이는 선종의 아라야식이나 이슬람 신비주의에 있는 의식의 근저, 이른바 깨달음의 경지로 내려간다는 의미를 담고 있습니다. 그 의도는 이해가 가지만, 조금 과장된 느낌이 들기도 하네요.

하여간 아우구스티누스는 신플라톤주의와의 만남 이후에 본격적으로 성경의 세계에 몰입합니다. 그런 점에서 플로티노스의 저서는 어쩌면 기독교로 사람들을 이끄는 실과 같은 역할을 한 것은 아닐까요?

❋ 나는 의심한다

그런데 제가 왜 제5강의 제목을 서로 연관성이 적어 보이는 '아우구스티누스와 데카르트'로 했을까요? 바로 **아우구스티누스가 데카르트보다 앞서 인간 존재에서 있어 이성이 가지는 의의를 확인**했기 때문입니다. 뒤에서 살펴보겠지만,

데카르트는 "나는 생각한다, 고로 존재한다"라는 명제를 통해, 이성을 인간 존재의 중심에 두었습니다. 이 유명한 명제의 문장 구조를 빌려 아우구스티누스의 확신을 표현하자면, "나는 의심한다, 고로 신은 존재한다"라고 할 수 있겠네요.

아우구스티누스의 저서에서 내용을 발췌한 『성찰과 잠언(Reflections and Proverbs)』[하르나크(Augustine Harnac) 엮음, 핫토리 에지로 옮김, 이와나미문고, 1937]에는 다음과 같이 인상적인 문장이 실려 있습니다.

> **자신이 의심한다는 것을 아는 사람은 모두 그것에 의해 '진정한 것'을 알며, 그리고 그가 아는 이 대상[의심]에 대해서는 완전히 분명하다. 즉, 그는 '진정한 것'에 대해서 확실하다. 그러므로 '진리'가 존재하는지 의심하는 사람은 모두 자기 안에 그가 의심하지 않는 하나의 '진정한 것'을 가지고 있다. 그리고 '진정한 것(verum)'은 '진리(veritas)' 없이는 진짜가 아니다. 그러므로 진리 이외의 모든 것을 의심하는 것은 가능하지만, 진리를 의심하는 것은 불가능하다.** (『진정한 종교』 73에서, 같은 책, 64-65쪽)

> **초역**
> 사람이 '진리는 존재하는가'라는 의심을 가졌을 때, 이미 그 의문 속에 '진리'라는 말이 포함되어 있어서, 그것은 의심할 수 없다.

다시 말해, 무언가를 아무리 의심해도 내가 의심할 수 없는 것이 어떻게든 남기 마련인데, 아우구스티누스는 그것을 진리=신이라고 생각합니다.

II. 철학 강의 실황 중계

이 글 직전에 쓴 『독백』 II-1의 인용도 인상적입니다. 『독백』은 아우구스티누스가 자신의 이성과 대화를 나누는 형식으로 쓰여 있습니다. 이 부분의 서술도 앞의 책에서 인용해도 되지만, 아우구스티누스와 데카르트의 공통점과 차이점에 대해서 설명한 질송의 논문이 조금 뒤에 나올 중요한 명제도 포함해 다루고 있어서, 해당 내용을 포함한 단락을 재인용하겠습니다.

> "언제나 같으신 신이시여, 저 자신을 알게 하시고, 당신을 알게 하소서 (Deus, semper idem, noverim me, vonerm te.)"라고 짧게 기도한 다음, 이성은 아우구스티누스를 새로운 질문 앞에 세우는가. "자신을 알길 바라는 당신은, 당신이 존재하는 것을 알고 있는가?" — "나는 알고 있다." — "당신은 그것을 어디서 알았는가?" — "나는 모른다." — "당신은 자신이 움직여진다는 것을 알고 있는가?" — "나는 모른다." — "그렇다면, 당신이 생각한다는 것은 진실이다." — "그렇습니다." 이 뒤로 계속되는 몇 개의 질문 뒤에, 이성은 적어도 다음의 것은 확실하다고 분명하게 답하고 있다. "당신은 당신이 존재한다는 것을 알고 있으며, 당신이 살아 있다는 것을 알고, 당신이 이해하고 있다는 것을 알고 있다"(Esse te scis, vivere te scis, intelligere te scis.)(『독백』 II-1-1). 이처럼 여기서 아우구스티누스는 진리를, 존재하고 살아 있으며 인식하는 실체의 존재에 근거로 두고 있다.
>
> [질송(Étienne Gilson)&뵈너(Philotheus Boehner) 지음, 『아우구스티누스와 토마스 아퀴나스』, 핫토리 에이지·후지모토 유조 옮김, 미스즈쇼보, 33쪽]

초역

나는 의심한다, 그러므로 나는 존재한다.

이 인용문 마지막에 "존재하고, 살아 있으며, 인식하는 실체의 존재"를 뒷받침하는 진리는 당연히 신이며, 예수 그리스도이고, 덧붙여 말하자면 성령인 것 같습니다.

이렇듯 아우구스티누스가 신앙과 이성의 갈등 속에서 자신을 짜내듯 치열하게 사유했던 명제가 바로 **"내가 (황공하게도 신까지도) 의심하고, 내가 생각하는 것, 그 자체는 진실이다"**이었습니다. 우리는 387년에 쓰인 이 책을 통해, 신학과 철학은 쌍둥이 형제와 같은데 아무리 원수 같은 사이라 해도 이성에 관해서는 양쪽 모두 동질의 뼈대를 공유하고 있음을 알 수 있습니다.

❋ 데카르트, 의심하다

데카르트와 아우구스티누스 사이에는 1200년이라는 시간의 간극이 존재하지만, 그렇다고 신앙을 가지고 있던 데카르트가 아우구스티누스가 쓴 책을 읽지 않았을 리 없습니다. 데카르트는 근대 철학의 아버지라고 불리지만, 사실 독실한 기독교 신자입니다. 그리고 이전 시대, 그리고 당시의 신학을 자양분으로 삼아 자신의 철학을 키워나갔습니다. 실제로 아우구스티누스가 이미 저렇게나 생각을 정리한 것을 보면, 어떻게 읽느냐에 따라서는 데카르트와 거의 차이가 없어 보입니다. 적어도 모든 사물을 의심한 끝에 남는 것이 진리라는 논리에 관해서는 아우구스티누스와 데카르트의 생각이 일치합니다. 다만, 그 **진리가 아우구스티누스에게는 '신'인 반면, 후대의 데카르트에게는 '나'의 존재라는 점**이 다를 뿐이라고도 할 수 있겠네요. 근대 철학을 정립한 데카르트의 유명한 사상 역시, 당시까지의 사상사적 맥락과 논의의 안에서 벗어나 돌연변이처럼 등장했던 것은 아니었습니다.

그런데 데카르트의 유명한 『방법서설』(1637)은 '나는 생각한다'(라틴어로 코기토 Cogito)라는 것, 즉 이성을 모든 것의 중심으로 삼아 생각할 것을 선언한 책입니다. 그 책에서 말하는 신의 존재를 고려하지 않아도 된다는 논리는 근대 과학의 출발점으로 아주 요긴하게 자주 사용됩니다. 하지만 데카르트 본인은 절대 신을 무시해도 된다고 생각하지 않았으며, 오히려 상당히 신실한 기독교 신자였음을 알 수 있습니다. 실제의 기술을 몇 군데 살펴볼까요?

데카르트는 이 세상에서 확실한 존재를 찾기 위해서, 먼저 모든 것을 의심하는 사고 실험을 전개합니다. 그리고 바로 깨달았습니다.

> 이처럼 모든 것을 가짜라고 생각하려는 사이에도, 그렇게 생각하고 있는 나는 필연적으로 무엇인가여야만 한다고. 그리고 '나는 생각한다, 고로 나는 존재한다[cogito, ergo sum]'라는 진리는 회의론자들의 어떤 터무니 없는 가정으로도 흔들 수 없을 정도로 견고하며 확실한 것을 인지하고, 추구하던 철학의 제1원리로서 이 진리를 주저 없이 받아들일 수 있다고 판단했다.
>
> (데카르트 지음, 『방법서설』, 다니가와 다카코 옮김, 이와나미문고, 46쪽)

이것이 윤리 교과서에 나오는 그 유명한 경구가 나오는 부분입니다. 그 의미는 쓰인 내용은 이 이상도, 이 이하도 아닙니다. 다만, 이 부분뿐만 아니라 조금 앞의 서술까지 읽어 보면, 데카르트의 다른 측면이 보입니다.

> 나는 하나의 실체이며, 그 본질 혹은 본성은 생각하는 것에만 있고, 존재하기 위해 어떤 장소도 필요하지 않고, 어떤 물질적인 것에도 의존하지 않는다고.
>
> (같은 책, 47쪽)

'실체'는 전통적으로 신의 본질을 동반하는 존재로, 아리스토텔레스 이후, 철학에서 사용되어 온 단어입니다. 그리고 데카르트에게 생각하는 '나'=정신이란 '실체' 중 하나이기도 합니다. 더욱이 데카르트에게 또 하나의 실체는 '물질'로, 데카르트는 정신과 물질 모두 실체로 인정했습니다. 바로 이것이 정신과 물질의 이원론입니다. 이원론이라고 말하긴 하지만, 정신이 물질보다 우위에 있는 이원론입니다. 이는 이 사고방식이 정신이 물질을 지배하고 통제하는 근대 과학과 잘 맞아떨어진다기보다는, 데카르트가 근대 과학의 아버지였다는 점을 의미합니다.

❋ 나는 실체다

데카르트는 "생각한다는 본성을 가진 '나'가 하나의 '실체'다"라고 주저 없이 서술하고 있지만, 실은 이 말은 상당히 대담한 표현입니다. 물론, 본질을 동반하는 존재=실체이기 때문에, 생각하는 나는 흔들림 없는 존재인 것입니다. 데카르트에게 '생각한다'는 것이 본질적인 행위인 것은 그렇다 치더라도, '나'는 '실체'라고 단호하게 말해버려도 괜찮은 것일까요? 그 부분의 근거는 제시되어 있지 않습니다. 나중에 다루겠지만, 이 부분이 영국의 존 로크(1632-1704)가 비판한 부분이기도 합니다.

일단 이 부분은 차치하고, '나는 생각한다, 고로 나는 존재한다'라는 명제는 사실 논리 명제로서는 충분하지 않습니다. 이 명제를 논리식으로 나타내면, 다음과 같습니다.

{나는 생각한다} ⇒ {나는 존재한다}

그리고 이대로는 '생각한다'는 것이 '존재한다'는 것과 연결되는 이유를 알 수 없습니다. 게다가 애초에 '생각한다' 이외의 것도 '존재한다'는 것과 연결해도 된다고 생각할 수 있습니다.

'나는 생각한다, 따라서 나는 존재한다'의 '생각한다' 부분에 오감이나 동작을 대입해도 왠지 철학적인 의미를 내포하고 있는 것처럼 보입니다.

'나는 느낀다, 따라서 나는 존재한다'

'나는 본다, 따라서 나는 존재한다'

'나는 먹는다, 따라서 나는 존재한다'

다시 말해, '나는 생각한다, 따라서 나는 존재한다'는 논리 명제로서 성립하지 않을 뿐만 아니라 그 내용에도 결정적인 근거가 없어 보입니다.

무엇보다도 데카르트는 그 논리 명제의 불충분함을 알고 있었고, 다음과 같이 말을 더합니다.

'나는 생각한다, 고로 나는 존재한다'라는 명제에 대해서, 내가 진리를 말하고 있음을 보증하는 것은 생각하기 위해서는 존재해야만 한다는 점을 내가 지극히 명석하게 알고 있다는 것 이외에는 아무것도 없다.

(같은 책, 47쪽)

위 인용문 내용을 삼단논법으로 적어 보면, 다음과 같습니다.

'나는 생각한다'
'생각하기 위해서는 존재해야 한다'
∴ '나는 존재한다'

다시 도해로 표현하면 다음과 같습니다.

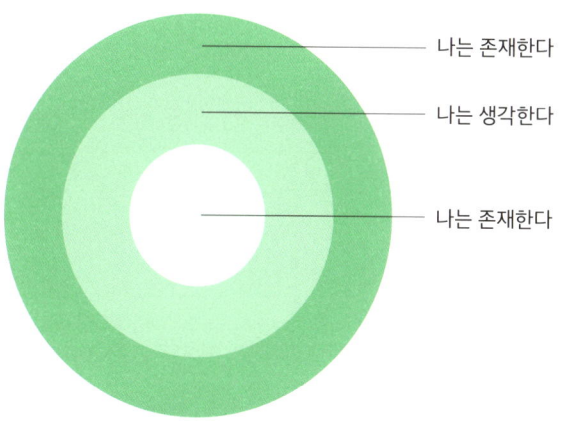

결국 존재가 앞에 있고, 생각하는 것이 거기에 포함되며, 그래서 생각하는 것이 내 존재의 근거가 된다는 아주 상식적인 명제가 됩니다. 맞는 말입니다. 내가 없으면 나는 생각할 수 없습니다. 다만, 곰곰이 생각해 보면, 존재하기 때문에 생각할 수 있다는 것은 일종의 착각에 지나지 않습니다. 생각하고 있기 때문에 자신의 존재를 확인할 수 있을 뿐입니다.

철이 들었을 때부터 나는 생각하고 있었는데, 그때 이미 나는 존재하고 있었습니다. 그렇다면 내가 생각한다는 것은 내 존재의 마지막에 어떻게 될까요? 알 수 없습니다. 내가 육체적으로 소멸한 뒤에 그 무엇도 생각할 수 없다는 것은 확인할 수 없고, 또한 단정할 수도 없습니다. 철이 들었을 무렵부터 의식이 시작되었다고 해도, 육체의 마지막에 의식이 어떻게 되는지에 대해서는 사실 그 무엇도 확실하게 말할 수 없는 것입니다. 의식이 물질로 합성될 수 있고 물질의 상황에 100% 의존하는 것이라면, 육체의 마지막은 의식의 마지막이라고 할 수 있습니다. 하지만 이것을 실제로 증명하진 못 했습니다. 신체나 뇌의 기능이 갖추어져 있으면 의식이나 자아가 스스로 생겨나는 것이냐고 묻는다면, 답은 그것은 필요조건일 뿐이라는 것입니다. 의식을 물질에서 생성할 수 없고, 애당초 그 전에 생명을 발생시킬 수 없습니다.

❀ '생각하다'에서 '존재하다'로

다시 삼단논법으로 돌아가 봅시다. 데카르트는 '내가 생각한다'는 것은 '내가 존재한다'는 것에 근거하지만, '생각한다'는 것의 근거가 무엇이냐고 물으면, 앞의 인용대로 '생각하기 위해서는 존재해야 한다'는 것이라고 합니다. 다만, 이런 논리로는 결론이 전제가 되는 모순이 생기고, 근거를 물으면 계속해서 무한히 후퇴할 수도 있습니다. 그러나 여기서 데카르트는 이 '생각한다'라는 행위에 특별한 의의를 인정함으로써 이 논법을 확정하려고 합니다.

데카르트는 다음과 같이, 사람이 '생각한다'는 것과 '존재한다'는 것과의 관계를 명석하게 알고 있다는 사실에 주목합니다.

> 그리하여 남는 것은 그 관념이 나보다 매우 완전한 어떤 본성에 의해 내 안에 놓였다는 것이었다. 그 본성은 게다가 내가 생각하는 모든 완전성을 그 안에 갖추고 있다, 즉 한마디로 신으로 존재하는 본성이다. 그리고 나는 다음과 같이 생각했다. 나는 내가 갖지 못한 몇 개의 완전성을 인지하고 있으므로, 나는 현존하는 유일한 존재자가 아니고(여기서 임의로 스콜라학파의 용어를 사용하겠다), 더욱 완전한, 다른 존재자가 반드시 존재해야 하며, 나는 그에 의존하고, 내가 가진 모든 것은 거기서 얻은 것이라고.
>
> (같은 책, 49쪽, *밑줄은 필자)

초역

신은 존재한다, 고로 나는 생각한다.

여기서 내가 '생각한다'는 것을 나에게 부여한 완전한 본성 = 신이 등장합니다. 데카르트에게 '생각한다'는 것은 신과 연결되는 것입니다. 그리고 불완전한 내가 '완전'이라는 것을 떠올릴 수 있는 이유는 이 완전한 존재자가 있기 때문입니다. 즉, **불완전한 존재임에도 불구하고, 나는 왜 완전성을 알고 있는가 하면, 그것은 완전한 존재자인 신이 완전성을 '내 안에 놓았기' 때문이다**라는 논리입니다. 인간에게 신과 같은 어떤 성질이 포함되어 있다면, 그 때문입니다.

앞에서 '나'가 실체라고 쉽게 말해도 되느냐는 의문을 가진 것을 기억하시나요? 데카르트에게 있어서 '나'는 신이 만들었고, 그 신의 본질을 품고 있는 존재이므로, 뭐, 본인에게 이것은 지극히 확실한 사실이며, 거기에는 어떤 문제도 없습니다. 그렇다 해도 이 부분을 읽고 있을 무종교인 독자의 입장에서 보면, 철학의 근거가 이렇게나 분명하게 신이라고 쓰여 있다는 점에 새삼 놀라울 것입니다. 놀라기 이전에 이 대목을 못 본 것으로 할지도 모릅니다. 눈으로 글자를 좇고 있지만, 의미가 머릿속에 들어오지 않는 것이지요. 실제로 저도 젊었을 때는 그랬습니다.

그런데, 일본의 철학자, 이케다 아키코가 "데카르트는 cogito의 작용 안에 '믿는다'를 넣지 않았다"[이케다 아키코 지음, 『생각하는 사람-구전 서양 철학사(考える人-口伝西洋哲学史)』, 주오문고, 1998, 263쪽]고 예리하게 지적합니다. 정말 그 말 그대로입니다. 과연 이케다 씨로군요. 일본의 철학자 중에서 몇 안 되는 '생각하는 사람' 가운데 한 명이라고 꼽을 만합니다. 다만, 데카르트에게 생각하는 것의 근거가 믿는 것이므로, 이 부분은 데카르트 본인이 보기에는 의심할 만한 일이 아니었을 것입니다.

하여튼, 데카르트가 꽤 고생해서 '생각하는 나'=이성의 존재를 기본으로 삼자, 그 후 사회는 이 원리만을 받아들여 '이성'을 중심으로 논의를 전개해 나갑니다.

제 6 강

데카르트와 파스칼

데카르트
[1596-1650]

파스칼
[1623-1662]

과학의 운명

❋ 정신과 신체의 접점

데카르트의 등장 이후 철학은 데카르트의 이성 중심주의를 중심으로 발전하는데, 이 점에 대해서 조금 더 써보려 합니다.

데카르트는 신이라는 절대적이고 완전한 존재에 대해서, 우리가 관념을 가지는 것 자체가 신의 존재를 증명하는 것이라고 합니다.

> 예를 들어, 삼각형의 관념 안에 그 세 개의 각이 180°와 같다는 것이 포함된다고 인식하는 것으로부터, '실제로' 삼각형이 180°와 같은 세 개의 각을 가지고 있다는 것을 틀림없이 확신하는 것과 마찬가지로, 필연적이

> 고 영원한 존재가 최고 완전자의 관념 속에 포함된다고 인식하는 것에
> 서만 최고 완전자는 존재한다고 확실하게 결론내려야만 하는 것이다.
> (데카르트 지음, 『철학의 원리』, 가쓰라 주이치 옮김, 이와나미문고, 44-45쪽)

이 절대적인 최고 완전자에 대한 인식=이성을 주축으로, 대상물에 대한 인식으로 나아가는 것이 데카르트의 이원론적 방법입니다. 이성의 확실성은 신의 완전성에 기반하는데, 그 결과, 이성은 독립해 스스로 규준으로서 그 이외의 불완전한 것을 전부 대상으로 삼을 수 있게 됩니다. 이런 까닭에, 데카르트는 다음과 같이 말합니다.

> 어떤 이유에서든 우리의 앎의 대상이 되는 것은, 사물 혹은 사물의 어떤
> 상황이라고 간주되거나, 혹은 우리의 사유 밖은 존재를 가지지 않은 영
> 원한 진리로 간주되거나, 둘 중 하나다.   (같은 책, 67쪽)

여기에서 데카르트가 말하는 '사물'이란 '실체', '지속', '순서', '수', 기타 등등, 모든 종류의 사물이 표현하는 보편적 대상으로, 사유적인 사물과 물질적인 사물, 즉 정신과 물체로 나눌 수 있습니다. 데카르트에 따르면, 그 최고의 개념은 사유하는 실체와 연장하는 실체로 나뉩니다. 이 지점이 그동안 많이 들어온 정신과 물질의 이원론이라는 논의의 시작점임이 분명합니다. 그런데 이 이원론은 결코 단순하지 않습니다. 사유하는 실체는 '앎', '의욕'이며, 연장하는 실체는 길이, 폭, 깊이가 있는 연장, 형태, 운동, 위치라는 요소가 속해

있습니다. 일부러 사유와 물질로 나누어 놓고는, 연장이라는 독특한 개념을 추가해서 이야기가 복잡해집니다.

이 '연장'이라니, 참 낯선 개념입니다. 데카르트는 X축과 Y축이 그려진 데카르트 좌표(이것이야말로 데카르트가 고안한 것입니다만) 위에서 직선과 곡선이 끝없이 뻗어가는 듯한 이미지를 머릿속에 떠올린 것은 아니었을까요? 그런데 이 개념은 데카르트 좌표만큼의 호응을 얻지는 못한 것 같습니다.

한편, 데카르트는 그 이원론에서 정리하기 어려운 부분을 이렇게 설명합니다.

> 그러나 또 우리는 단순히 정신에만, 혹은 물체[신체]에만 속해서는 안 되는, 어떤 다른 종류의 것 또한 우리 안에서 경험한다. 그것들은 이하 그 장소에서 드러나듯이, 우리의 정신이 신체와의 견고하고도 긴밀한 결합에서 생겨나는 것이다. 즉, 허기·갈증 같은 욕구, 마찬가지로 심정의 움직임(commotiones), 다시 말해, 감정, 그것들은 분노·기쁨·슬픔·사랑으로 향하는 움직임 등과 같이 단순히 사유 안에서만 성립하는 것이 아니고, 또한 마지막으로 고통·웃음·빛과 색·소리·향기·맛·단단함 등 촉각적 성질의 감각과 같은 모든 감각이다. (같은 책, 67쪽)

초역

감정이나 감각은 정신과 신체가 연결된 곳에 있으며, 무시할 수 없다.

이성은 정신에 포함되어 있어서, 이의 적절한 사용은 사물의 진정성을 보증해 줍니다. 하지만 그렇다고 해서 여러 가지로 제약이 많은 신체를 가진 인간이 자신의 정신이나 신체, 그 자체를 간단히 분리해 대상화할 수 있는 것은 아닙니다. 실제로 데카르트는 정신과 물체(신체)가 그리 간단히 나누어지지 않는다는 것을 충분히 인지하고 있었다는 것을 알 수 있습니다. 아무래도 우리의 신체는 이성을 적절히 잘 사용하지 못하는 것 같네요.

데카르트는 그 후 실제로 후대의 철학 사학자들이 정리할 법한 심신이원론적 고찰로 나아갑니다. 하지만 이후 철학자들이 이 시작에 대한 문제의식과 모든 고찰을 이어받아 발전시키진 않았습니다.

하지만 이 분기점으로 돌아가 오감, 감정, 감각이라는 문제를 정념론이나 공통 감각론으로서 연구했던 철학자가 바로 『공통 감각론』을 저술했던 저의 은사, 나카무라 유지로 선생님입니다. 철학의 탐구 방향이라는 관점에서 정면으로 이 문제에 임했음을 이제야 깨달았습니다.

어느 쪽이든, **데카르트에 의해 사람은 신을 전면에 내세우지 않고 '생각하는 것 = 이성'만으로 충분히 타당성을 획득할 수 있게 됩니다. 하지만 그 후 철학자들은 데카르트의 합리론적 입장에 찬성하든 반대하든 간에, 인간의 이성에 대한 어떠한 입장을 밝혀야만 했습니다.**

❋ '무용하고 불확실한 **데카르트**'

그중에서도 거침없이 데카르트에 대해 반대 의견을 제기한 사람이 파스칼(1623-1662)입니다.

> 77. 나는 데카르트를 용서할 수 없다. 그는 그 모든 철학 속에서 가능하면 신 없이 문제를 해결하고 싶다고, 분명 생각했을 것이다. 하지만 그는 세계를 움직이기 위해서, 신에게 한 번 손가락을 튕기게 해야만 했다. 그 이후부터는 더 이상 신에게 볼일이 없는 것이다.
>
> (『세계의 명저 29 파스칼』, 마에다 요이치 옮김, 주오코론샤, 99쪽)

실제로 데카르트는 완전성의 개념이 신에게서 유래한다고 말하지만, 그 후에는 무용한 것으로 취급하는 것처럼 보이기도 합니다. 게다가 무에서는 아무것도 생겨나지 않는 것에 대해서는 정말 간단하게 생각한 것을 보면 『방법서설』에서는 신실한 기독교 신앙에 기반한 것처럼 보이지만, 이 점에서는 오히려 고대 그리스의 원자론 이후 과학의 화신 같기도 합니다. 파스칼은 데카르트의 이런 태도 또한 용납할 수 없었던 것이 아닐까요? 자세히 살펴보면, 데카르트는 '생각하는 나'의 전제가 되는 신의 완전성을 논하면서 다음과 같이 말합니다.

> 완전성이 높은 것이 완전성이 낮은 것의 귀결이며 거기에 의존한다는 것은 무에서 무언가 생겨날 수 있다는 것과 마찬가지로 모순적이다.
>
> (앞의 책, 『방법서설』, 49쪽)

'무에서의 창조'는 아우구스티누스가 "세계는 무에서 창조되었다", "세계는 신이 무에서 창조했다"라고 한 이래, 성경적 세계관의 근본에 있는 중요한 개념입니다. 이 세계관에서 세계는 질료와 함께 신에게 '있으라'라는 말을 듣고 창조되었습니다. 다시 말해, 시간 외에 존재하는 신이, 그 말씀에서 창조했다고 합니다(아우구스티누스 지음, 『고백〈하〉』, 100-101쪽, 264쪽).

이 창조의 비밀을 푸는 열쇠라고도 할 수 있는 포인트를 마치 무신론자처럼 간단히 정리해 버린 데카르트의 태도는, 파스칼의 눈에 '더 이상 신에게 볼일은 없다'라는 듯이 비쳤다고 해도 무리는 없을 것 같네요.

✤ 무한한 공간의 영원한 침묵

데카르트의 철학 체계는 신을 향한 비교적 소박한 신앙으로 뒷받침되고 있습니다. 하지만 데카르트 본인도 눈치채지 못한 사이, 그 신앙은 추상적인 신의 개념에 대한 신앙으로 변질되었다고 하기보다, 파스칼에게 그렇게 보였던 것이 아닐까라고 추측합니다. 파스칼이 데카르트보다 신을 향한 신앙에 대해서는 훨씬 자각적이고 절실했던 만큼, 오히려 개인이 신과 세계에서 버려지는 경우의 공포와 고독에 직면한 것처럼 해석할 수도 있기 때문입니다.

> **206. 이 무한한 공간의 영원한 침묵은 나를 두렵게 한다.** (같은 책, 156쪽)

데카르트의 낙관과는 정반대의 말이네요. 데카르트는 중세인의 사고방식이 짙게 남아 있지만, 파스칼은 이런 점에서는 이미 완전히 근대인입니다. 결국 과학이 초래할 삭막한 과학주의적 세계관을 이때 이미 예감한 듯합니다.

한편, 데카르트는 합리성의 근원인 정신을 그 외의 신체나 물질에서 분리해 주체로 확립하는 심신이원론이라는 견해를 밝힙니다. 이에 따라, 과학은 정신을 제외한 모든 것(신체를 포함한)을 그 대상으로 삼을 수 있게 됩니다. 데카르트는 이성과 자연, 정신과 신체 사이에 때때로 어긋나는 점이 있다는 것을 큰 문제로 생각하지 않았던 듯합니다. 과학자로서는 자연법칙만 파악하고 있다면, 이성 또한 인간 안에 있는 자연법칙 중 하나(인간 본성)로서 이해하면 그만이라고 생각한 것 같습니다.

이 문제에 대해서는 훗날 존 로크(1632-1704)나 데이비드 흄(1711-1776)이 근본적인 불신을 드러내는데, 파스칼도 그들보다 앞서 이런 말을 합니다. 바로 '내일도 태양이 뜨는 것은 확실한가'라는 문제입니다.

> **91. 우리는 어떤 현상이 항상 똑같이 일어나는 것을 보면, 그로부터 자연적 필연성을 도출한다. 예를 들어, 내일도 태양이 존재한다는 것과 같다. 그러나 자연은 종종 우리의 예상을 배신하고, 자신의 규칙을 따르지 않는다.**
> (앞의 책, 『파스칼』, 107쪽)

수학자이자 물리학자였던 파스칼은 자연에 대해서 인간이 관찰이나 실험으로 도출한 법칙과 자연의 사실 사이의 모순을 항상 가까이서 느꼈을 것입니다. 자연법칙으로 보였던 것이 때로는 인간의 예측을 배신하기도 한다는 것을 아주 잘 알고 있었을 것입니다.

이 인용문의 "내일도 태양이 존재한다"라는 부분도 엄밀히 말하자면, 자연적 필연성이라고 할 수 없는 대상입니다. 마침 오늘까지 태양이 존재했다는 사실은 요행에 지나지 않을지도 모릅니다. 실제로 오늘날에는 지구에도, 태양에도 수명이 있는 이상, 언젠가는 이 필연성이 무너지리란 것을 알고 있습니다.

더구나 이 "내일도 태양이 존재한다"는 흄과 비트겐슈타인이 각각 예시로 쓸 정도로 흥미로운 문제입니다. 그러므로 뒤에서도 살펴보도록 하겠습니다.

❋ 우리의 모든 **존엄성**은 **사유 안**에 있다

그런데 이런 파스칼에게 세계를 창조한 신은 어디 있느냐고 묻는다면, 쉽게 찾아내기 어려운 곳에 있습니다.

> 556. 세상에 드러난 것은 신성을 전혀 배제하지도 않고, 명백하게 드러내지도 않는다. 다만, 자신을 숨기고 있는 신의 존재를 드러내고 있다. 모든 것은 이 특성을 띤다. (같은 책, 284쪽)

파스칼은 데카르트가 '나는 생각한다(cogito)'의 출발점에서 '손가락 튕기기'를 위해 신의 작용을 이용했다는 점을 간파했지요. 그런 파스칼에게 **신은 이성 쪽에도, 자연(인간의 본능을 포함한) 쪽에도 각각 숨은 존재로서 의식되고 있습니다.** 그리고 생각하는 나의 쪽에 있는 신성은 다음의 유명한 표현이 설명하고 있지요.

347. 인간은 한 줄기 갈대에 지나지 않는다. 자연에서 가장 연약한 존재다. 하지만 그것은 생각하는 갈대다. 그를 무너뜨리기 위해서 우주 전체가 무장할 필요는 없다. 증기나 물 한 방울로도 그를 죽이기에는 충분하다. 그러나 설령 우주가 그를 무너뜨려도, 인간은 그를 죽이기보다 숭배할 것이다. 왜냐하면, 그는 자신이 죽는다는 것과 우주가 자신보다 우월하다는 것을 알기 때문이다. 우주는 아무것도 모른다.

그러므로 우리의 모든 존엄성은 사유 안에 있다. 우리는 그곳에서 일어서야 한다. 우리가 채울 수 없는 공간이나 시간에서가 아니다. 그러니 올바르게 생각하기 위해 힘쓰자. 여기에 도덕의 원리가 있다.

(같은 책, 204쪽)

여기서는 초역이 필요하지 않겠네요. 인용문 그대로 이해해 주시길 바랍니다. '생각하는 것'의 의의를 강조하는 구절에서는 전율마저 느껴집니다. 올바르게 생각하는 것은 도덕에서도 통합니다. 이것은 소크라테스가 사후 세계에서의 대화를 기대했던 소크라테스 이전의 철학자들에게서 대대로 이어져 온 문제일 것입니다.

II. 철학 강의 실황 중계

제 7 강

흄
[1711-1776]

흄과
비트겐슈타인

내일도 태양이 존재한다?

비트겐슈타인
[1889-1951]

❋ "내일도 태양이 존재한다"는 것은 확실한가?

자연현상과 인간이 발견해 기록한 법칙 사이에는 난감한 관계가 있습니다. 이것은 절대적이라고 생각할 수 있는 자연법칙에서도 파스칼이 말한 것처럼 "자연은 종종 우리의 예상을 배신하는" 일입니다. 나심 니콜라스 탈레브가 『블랙 스완』에서 기술한 바와 같이, 검은 백조가 등장한 시점에서 백조는 하얗다는 '법칙'은 성립하지 않게 됩니다. 원자력 발전소의 처참한 사고처럼 아주 드문 확률의 위험일지라도 한번 사고가 일어나게 되면 엄청난 대참사로 이어진다는 것을 이미 인류는 몇 번이나 경험했습니다.

한편, 자연은 지금까지 인간이 발견해서 이용해 온 모든 법칙과 100%까지는 아니더라도 상당히 높은 확률로 '거의' 맞았습니다. 시간 하나만 떼어 놓고 봐도, 때때로 천체의 시간이 어긋나기 때문에 몇 초 정도 조정되기도 합니다. 오히려 이것이 '거의' 맞는 이유는 무엇이며, 어째서 자연은 장소 대부분이 인간이 인식할 수 있고 생존할 수 있는 상태인지와 같은 불가사의한 사실도 머릿속에 떠오르네요. 현대 물리학에서 보면, 내용도 틀리고 부정확한 뉴턴 역학이 일상생활에서는 큰 문제 없이 성립하는 것과 비슷한 이치일지도 모르겠습니다.

파스칼이 말한 대로, 이성으로 파악하는 법칙과 자연 본연의 상태에는 필연성이 인정되지 않고, 자연법칙이라고 불리는 것이라도 반드시 정확하고 완전하게 기술할 수 없습니다. 파스칼이 인간의 이성에도, 이를 배신하는 자연에도 각각 문제가 있다는 점을 인정한 것은, 앞의 인용문 91에도 분명하게 적혀 있습니다.

"내일도 태양이 존재한다"라는 명제는 훗날 영국의 데이비드 흄(1711-1776)이 다음과 같이 기술한 것과도 겹칩니다.

> 모든 사실의 문제에 대한 반대 또한 가능하다. 왜냐하면, 그러한 반대도 결코 모순을 함축할 수 없고, 마치 실재에 적합한 경우와 같을 정도의 용이함과 판명함을 가지고 마음에 이해되고 있기 때문이다. 태양이 내일은 뜨지 않을 것이라는 것은 태양이 뜰 것이라는 단정에 비해서 이해하기 어려운 명제가 아니며, 훨씬 많은 모순을 함축한 것도 아니다. 그러므로 우리가 이 명제의 허위를 논증하고자 시험해도 당연히 소용없을 것이다. 만약 이 명제가 논증적으로 허위라고 하면, 모순을 함의하고 있

> 을 것이며, 따라서 마음에 명석하게 이해되는 일은 결코 있을 수 없을 것이다.
>
> [흄 지음, 『인간 지성에 대한 탐구(An Enquiry Concerning Human Understanding)』, 사이토 시게오·이치노세 마사키 옮김, 호세대학출판국, 22-23쪽]

이 인용문은 꽤 이해하기 어렵게 쓰여 있으므로 조금 더 알기 쉽게 바꾸어 보겠습니다.

> "내일 태양은 뜬다"라는 것과 반대로 "내일 태양은 뜨지 않는다"라고 할 수도 있다. 내일 일이므로 어느 쪽도 100% 맞다고 할 수 없고, 100% 틀렸다고 할 수도 없다. 지금까지 그래 왔다고 해도, 맞다고 정해진 것은 아니며, 그렇지 않은 것을 틀렸다고도 할 수 없다. 내일이 되어 태양이 뜨지 않는다면, 말한 것에 오류가 없었던 것이 명백해진다.

이를 더욱 간단하게 정리하면, 다음과 같습니다.

초역

내일 태양이 뜨는 것조차 확실하다고 할 수 없다.

우리가 일반적으로 맞다고 생각하는 것을 철저하게 의심했을 때, 이 같은 표현은 이에 다다르는 하나의 예시라고 할 수 있을 것입니다. 이것이 회의주의라고 불리는 까닭입니다. 신 없이 타당성을 인정하기 시작한 과학에서도 **지금까지 철저하게 의심하면, 무엇이든 말할 수 있는 듯하면서도 무엇도 말할 수 없게 되어 버리**는 것은 아닌지 걱정이 됩니다. 흄은 신에게서 발생한 세계에서 타당하다고 여겨지는 것은 관습에 지나지 않으며, 이에 기반한 이성도 의심해야 한다고 합니다. 흄은 이 점에서 영국의 전통적인 이성 불신을 계승하고 있는 것처럼 보입니다. 데카르트가 등장하기 전에, 애초에 이성보다 관찰과 경험을 중시하자고 주장한 프랜시스 베이컨(1561-1626)의 사상에 영향을 받았을 것입니다. 이 베이컨에 대해서는 나중에 다시 살펴보겠습니다.

이후 철학자들은 흄의 회의주의 때문에 꽤 고생했을 것입니다. 이것 또한 나중에 다룰 텐데, 독일의 칸트(1724-1804)가 구축한 철학 체계는 이 회의주의를 극복하려는 노력의 산물이라고 할 수 있습니다.

❉ 확실성의 문제―말할 수 없는 것

흄의 '태양이 다시 떠오를까'라는 문제는 시간이 더욱 흘러 비트겐슈타인(1889-1951)의 『논리-철학 논고』에서 확인됩니다.

> **태양은 내일도 떠오를 것이라는 생각은 하나의 가설이다. 즉, 우리는 태양이 떠오를지 어떨지 알 수 없다.**
> (비트겐슈타인 지음, 『논리-철학 논고』, 노야 시게키 옮김, 이와나미문고, 142쪽)

비트겐슈타인은 『논리-철학 논고』를 썼을 당시에는, 논리 명제와 사실은 일대일 대응해야 하므로, 그 결과 철학적 문제가 소멸한다고까지 생각하기도 했습니다. 물론, 비트겐슈타인은 사실과 대응하지 않는 '말할 수 없는 부분'

의 존재도 인정했습니다. 하지만 그 부분은 말하지 않는 것으로 했습니다. 그 유명한 말이 이것입니다.

> 7 말할 수 없는 것에 대해서는 침묵해야 한다.　　(같은 책, 149쪽)

"침묵해야 한다"고 하지만, 침묵하는 일은 철학자에게 맡기면 될 것 같네요. 실제로는 비트겐슈타인 본인도 뒷장에서 보듯이, 결코 침묵하고 있을 수 없었습니다. 공개적으로 출간하지는 않았지만, 『논리-철학 논고』보다 나중에 쓰인 책은 그 양이 상당합니다.

게다가 사람들은 말할 수 없는 것에 대해서 무언가를 말하고, 때로는 춤을 추고 노래를 하거나, 그림을 그리고 조각을 만들어 왔습니다. 그리고 무엇보다 잊어서는 안 되는 것이 기도하는 일입니다. 철학은 기도와는 다른 길로 나아갔기 때문에, 철학의 행위 속에 기도는 포함되지 않았습니다. 하지만 기도해야만 하는 신을 잃은 현대에 이르러, 철학에도 기도를 대신하는 이상한 주문 같은 요소가 흘러들어왔습니다. 그리고 말할 수 없는 것을 말하지 않고 있을 수 없는 현대의 철학자 중에서도 주문을 외는 사람이 나오기 시작했습니다. 이 문제에 대해서는 현대 부분에서 다시 한번 이야기하도록 합시다.

그건 그렇고, 확실히 우리는 태양이 떠오를지 어떨지 '아는' 것은 아니므로, 이는 비트겐슈타인에 따르면, 말하지 않는 것, 침묵해야만 하는 것에 해당합니다. 거기서는 적어도 사실과 '가설'이 일대일로 대응하지는 않습니다. 그러나 어느 쪽이든 간에, 다른 철학자의 저서를 그다지 읽지 않았다고 알려진 비트겐슈타인도 예시로 쓰기 위해 "태양이 내일도 떠오를 것인가"라는 표현을 빌려왔다는 점은 파스칼부터 흄을 거쳐 비트겐슈타인에게도 이 문제가 계승되었다는 것을 의미합니다.

제7강 흄과 비트겐슈타인

II. 철학 강의 실황 중계

제 8 강

프랜시스 베이컨
[1561-1626]

베이컨과 로크

존 로크
[1632-1704]

이성보다 경험

❖ 지각이야말로 출발점

데카르트는 저서 『방법서설』의 서두에 이성 혹은 양식은 "모든 사람에게 태어날 때부터 평등하게 내재되어 있다"(앞의 책, 『방법서설』, 8쪽)고 합니다. 그러나 이 "태어날 때부터 평등하게 내재되어 있다"라는 부분에 이의를 제기한 사람이 있는데, 바로 영국의 존 로크(1632-1704)입니다.

로크는 『인간지성론』(1689)에서 인간에게는 타고난 원리(본유관념)는 없다고 단언했습니다. '어떤 것이 존재한다'든가, '같은 것이 존재하면 동시에 존재하지 않는다'라는 명제가 대다수 사람이 찬동하는 진리라 할지라도, 그것이 본유관념이 될 수는 없다고 로크는 말합니다.

> 왜냐하면 제1, 어린아이들이나 백치는 명백히 이것들의 원리를 조금도 인지하지 않으며, 생각하지 않는다. 그리고 인지되지도 생각되지도 않은 것은 모든 생득원리에 반드시 동반되어야 한다는 보편적 동의를 완전히 저버리는 것이다.
>
> (존 로크 지음, 『인간지성론』, 오쓰키 하루히코 옮김, 『세계의 명저 32』 주오코론샤, 71쪽)

바꾸어 말해, 이성이 미발달되었거나 충분히 이성을 쓸 수 없는 사람들을 생각하면, 이성을 인간의 원리로 삼는 것은 불가능하다는 뜻입니다. 확실히 그것은 특수 사례라고는 할 수 없기도 하고, 사실 그렇지요. 로크는 인간의 마음은 생득원리 등이 존재하지 않는, 라틴어로 '타불라 라사(tabula rasa)', 백지의 상태라고 합니다. 그렇다면 마음은 어디서 이지적인 추리나 지식을 얻었을까요?

> 이에 대해 나는 한 단어로 경험에서라고 답한다. 이 경험에 우리의 모든 지식은 근거를 두고 있으며, 모든 지식은 이 경험으로부터 궁극적으로 유래한다.
>
> (같은 책, 81쪽)

이것이 바로 영국 경험론의 시작입니다. 그리고 여기서 쓰인 '경험'이란 인생 경험이 아니라 일단은 오감에 의한 감각·지각이라는 의미라고 생각해 주세요. 경험론은 우선 대상으로서의 것이 아니라 그것이 어떻게 자신에게 느껴지는지, 인지되는지에 대한 부분, 즉 감각으로서 자신에게 주어진 조건에서 출발합니다.

　여기에도 나름의 문제가 있어서, 자신의 감각만으로 확실한 것을 구성할 수 있는가와 타인의 감각을 어떻게 위치시킬 것인가라는 문제와 맞닥뜨리게 됩니다. 그래서 일단 세계가 자기와 타인에 의해 감지된 대로 만들어져 있다는 것을 인지하면서 논의를 전개합니다.

　한편, 과학적 방법론으로서의 경험론은 실증과 실험이 그 출발점이 됩니다. 이런 점에서 처음부터 데카르트처럼 '연장' 같은 개념을 만들어내서 결론을 선취하지 않기 때문에, 여명기의 근대 과학과 잘 맞았다는 점은 굳이 말할 필요도 없습니다.

❋ 자연의 정밀함

데카르트보다 앞서, 과학의 실험·관찰이 가지는 의의를 주장한 로크 이전 경험론 철학자가 바로 프랜시스 베이컨(1561-1626)입니다. 이야기가 나온 김에 시대를 더욱 거슬러 올라가면, 같은 베이컨 성을 가진 13세기 영국인, 로저 베이컨(1214-1294)이 당시 최첨단이던 이슬람 문화권의 과학 사상에 자극을 받아 실험·관찰을 강조한 사실도 눈여겨볼 필요가 있을지도 모르겠네요. 영문 번역된 저서를 읽어 본 바로는, 꽤 흥미로운 주장을 하는 사상가입니다[Roger Bacon, FRIAR BACON: HIS DISCOVERY OF THE MIRACLES OF ART, NATURE, AND MAGICK(Age of Reason book from the Medieval English theologians)-Annotated WHAT IS NEW THOUGHT? 1659.].

실험이나 관찰로 얻어진 사실을 중시하는 점은 말할 필요도 없는 과학의 기본 태도입니다. 하지만 아무리 이성이라고 해도, 데카르트처럼 상당히 추상적인 '연장'의 개념에서 출발해 기하학적으로 설명을 시도한다면, 오히려 사실에서 멀어질 수 있습니다. 이 점을 실험과 관찰에 기반을 둔 영국의 학문적 전통을 이어오던 이들은 일찍부터 예견하고 있었던 것 같습니다.

게다가 영국식 농담처럼 사물을 삐딱하게 보거나 생트집을 잡는 경향이 있어서인지, 영국에는 사람이 어딘가 이성적·논리적으로 지나치면 잘못되었다는 공통의 이해가 있는 듯합니다.

<정신건강의학과 의사와 환자의 대화>
환자: 선생님, 저, 제가 개가 된 것 같은 기분이 들어요······.
의사: 언제부터 그렇게 느끼게 되었나요?
환자: 강아지 시절부터요.

개인적으로는 이런 유머를 좋아하는데, 이런 웃음 포인트가 있다는 데에서 진지하기만 한 논의는 오히려 딱 좋은 유머 소재가 됩니다. 이런 문화권에서는 궁지에 몰렸을지라도 어딘가 여유로운 관점으로 순식간에 전환할 수 있는 능력을 사람들이 공통적으로 가지고 있는 것 같습니다.

다시 본론으로 돌아와서, 프랜시스 베이컨은 『신기관』(1620)에서 다음과 같이 말합니다.

> 10 자연의 정밀함은 감각과 지성의 정밀함보다 몇 배 더 뛰어나다. 따라서 인간의 그 훌륭한 성찰, 사변, 논쟁도 빗나간 답일 뿐이다.
>
> (베이컨 지음, 『신기관』, 가쓰라 주이치 옮김, 이와나미문고, 72쪽)
>
> 13 추론식[삼단논법]은 여러 학문의 궁극원리에 적용되지 않으며, 중간적 공리에 적용해도 소용없다. 왜냐하면 그것은 자연의 정밀함에 아득히 닿지 않기 때문이다. 따라서 동의는 구속하지만, 사물을 구속하진 않는다. (같은 책, 73쪽)
>
> 24 추론에 의해 세워진 일반 명제가 새로운 성과의 발견에 도움이 되는 일은 결코 있을 수 없다. 왜냐하면 자연이 가진 정밀함은 추론의 그것을 몇 배나 뛰어넘기 때문이다. 하지만 개별자에서 올바른 순서대로 도출된 일반 명제는, 역으로 새로운 개별자를 쉽게 지시·제시한다. 따라서 여러 학문을 유효하게 한다. (같은 책, 77쪽)

마치 데카르트가 등장하기 전부터 데카르트를 비판하고 있는 것 같은 내용이네요. 하지만 여기서는 '**자연의 정밀함(subtlety of nature)'을 관찰하는 것이 연역적 삼단논법을 훨씬 뛰어넘는 것**이라는 점을 강조하고 있습니다. 자연과학의 경우, 데카르트의 등장을 기다리지 않아도, 실제로 현장에서 과학을 연구할 때는 베이컨의 귀납법으로도 충분했을 것입니다.

18세기에는 데카르트가 학문의 출발점이라고 해도, 데카르트는 이성을 전제로 한 최초의 일격뿐인 영향이고, 실제로는 베이컨~뉴턴~로크라는 흐름 속 귀납적

방법이 과학적 방법의 주류였습니다.

다만, 철학에서는 영국 경험론과는 별개로, 유럽 대륙에서 이른바 합리론과 함부로 하나로 묶을 수 없는 사상(스피노자와 라이프니츠)들이 등장합니다.

II. 철학 강의 실황 중계

스피노자

스피노자
[1632-1677]

사유의 재미와 행복

❋ 신에 심취한 무신론자

네덜란드에서 태어난 스피노자(1632-1677)는, 사상사적으로는 데카르트의 합리론적 철학의 문제를 계승하고 발전시켰다고 평가됩니다. 태어난 시기나 저작이 읽힌 순서대로라면, 확실히 데카르트, 스피노자, 라이프니츠, 그리고 칸트, 헤겔로 이어지는 독일 관념론의 흐름이 수형도와 같은 발전 경로로 그려질 것 같네요. 그런데 여기에는 적잖은 우여곡절이 있습니다. 스피노자는 생전에 『데카르트의 철학 원리』라는 한 권의 저서만 간행된 채, 오랫동안 잊혔습니다. 그러다 주요 저서인 『에티카』를 중심으로 18세기 후반부터 주목받기 시작합니다. 스피노자의 뜻이 독일 관념론의 시기에 이르러서 재발견된 것이지요.

하지만 스피노자를 하나의 관점으로만 독해해서는 안 됩니다. 스피노자가 살았던 시대부터 지금에 이르기까지, 스피노자의 사상은 다양하게 해석되었습니다. 한편에서는 저서에서 신에 대한 논의를 펼치고 있음에도 불구하고 '신에 심취한 무신론자'라고 불렸고, 다른 한편에서는 신이 도처에 두루 존재한다는 듯이 읽히기도 해서 범신론자 혹은 무신론자라고 비난받는 형편입니다. 무엇보다도 스피노자는 무신론적인 요소가 있는 점이 젊었을 때부터 주위에 알려져서 목숨을 위협받습니다.

스피노자는 조부의 대에 네덜란드 암스테르담으로 이주한 유대계 상인의 집에서 태어났는데, 24세에 무신론자라는 이유로 유대계 교회에서 고발을 당하고 파문을 선고받습니다. 이 무렵, 밤중 누군가가 스피노자의 목숨을 노리고 단검으로 공격하는 사건이 벌어지기도 했습니다. 소크라테스가 사형당하기는 했지만, 암살의 대상이 되었던 철학자는 스피노자가 유일할 것입니다.

유대 교회에서 파문당한 스피노자는 이후, 안경 렌즈 연마나 개인 교습으로 생계를 이어갑니다. 28세 무렵, 친구들에게 회람할 목적으로 썼던 『신과 인간의 행복에 대한 짧은 논문』에서 자신의 철학적 입장을 정하고, 주요 저서인 『에티카』(윤리학)를 쓰기 시작합니다. 『에티카』는 스피노자가 44세에 폐결핵으로 죽기 2년 전에 완성되었는데 바로 출간되지 못하고, 본인이 죽은 1677년 12월에 친구들을 통해 『지성 개선론』 등과 함께 유고집으로 출간되었습니다.

결국 스피노자가 생전 자신의 이름으로 출간했던 저서는 『데카르트의 철학 원리』(1663)뿐입니다(『신학·정치론』은 1670년에 가명으로 출간되었고, 발매 후 얼마 안 되어 금지 처분이 내려졌습니다). 유고집도 다음 해에 위험 사상이 포함된 유해 도서라며 금지 처분을 받았고, 그 후 1세기 정도가 지나 재발견될 때까지 스피노자는 잊힌 철학자가 됩니다.

❋ 에티카—윤리학

그렇다면 스피노자의 주요 저서인 『에티카』에 대해 알아볼까요? 『에티카』는 서문도 없이 갑자기 수학 정리 모음집 같은 형식으로 시작하는, 빈틈없는 논리로 짜인 체계적인 책입니다.

『에티카』의 제1부는 「신에 대하여」로, 신에 대한 정의가 여덟 개, 공리가 일곱 개 주제로 다루어지고, 이어서 정리와 각각의 증명이 실려 있습니다. 이하 같은 형식으로 이어지는데, 제2부는 「정신의 본성과 기원에 대하여」, 「감정의 기원과 본성에 대하여」, 「인간의 예속, 혹은 감정의 힘에 대하여」, 「지성의 능력, 혹은 인간의 자유에 대하여」라는 5부로 구성되어 있습니다.

독자가 읽어가는 동안 의문이 생길 만한 부분에는 "이 정리에 의해 명백함"이라거나 "제○부의 정리△를 참조"라는 식으로 전체가 제1부의 「신에 대하여」의 정의와 모든 정리에서 시작되는 연역적 체계를 구성하고 있습니다.

그 신이란 정의 6에 따르면 다음과 같습니다.

> 신이란, 절대로 무한한 실유, 달리 말해 각각이 영원·무한한 본질을 표현하는 무한히 많은 속성으로 되어 있는 실체
>
> (스피노자 지음, 『에티카 〈상〉』, 하타나카 나오시 옮김, 이와나미문고, 38쪽)

그것은 "필연적으로 존재하는"(정리 11, 같은 책, 47쪽) 것으로 "신 이외에는 어떤 실체도 존재할 수 없고, 또한 생각할 수 없다"(정리 14, 같은 책, 52쪽)라는 의미입니다. 더욱이 "신은 자연 안에서 동일한 속성을 가진 두 개의 것으로 있을 수 없기"(정리 5) 때문에 유일한 존재이며, 자연 안의 유일한 실체라고 합니다.

이 '실체'란 지금까지 살펴봤다시피 아리스토텔레스 이후 철학이 본질적인 존재로서 다루어온 개념으로, 데카르트에게는 신과 정신과 물질, 이 세 가지가 각각 실체였습니다. 한편, 이를 스피노자는 유일신만으로 충분하다고 생각했습니다. 스피노자가 말하는 유일신이란 유대 교회에서 파문당한 일을 보면, 구약성경에 나오는 신이 아닐지도 모르지만, 적어도 기독교의 삼위일체에 해당하는 신은 아닌 것 같습니다. 어느 쪽이든, 이는 신이 비판받고 있다고 느끼는 사람이 읽으면 이내 알 만했기 때문에, 실제로 스피노자의 저서는 발행 금지 처분을 받고, 본인은 목숨까지 위협받습니다.

다시 돌아가, 『에티카』 전체가 앞서 말한 구조로 전개됩니다. 수학 증명 같은 체재를 취하고 있는데, 각 정리와 증명 사이에 '비고'나 '부록'이 덧붙여져 있고, 거기에는 꽤 수다스러운 설명이 달려 있습니다. 무미건조하다고 할 수

없을 정도입니다. 그리고 제1부 마지막 '부록'에는 아래와 같이 자신의 생각을 정리하고 있습니다.

> 이상으로 나는 신의 본성을 제시하고, 그 모든 특질을 설명했다. 즉, 신이 필연적으로 존재한다는 것, 유일하다는 것, 그저 자기 본성의 필연성만으로 존재하고 작용한다는 것, 만물의 자유 원인이라는 것, 또한 어떤 의미에서 자유 원인인가에 대한 것, 만물은 신 안에 존재하고 신 없이는 존재한다고 생각도 할 수 없다고 할 정도로 신에게 의존하고 있다는 것, 마지막으로 만물은 신에 의해 예정되어 있고, 심지어 그것은 의지의 자유라든지 절대적 재량 등에 의해서가 아니라 신의 절대적 본성 혹은 신의 무한한 권력에서 비롯된다는 것, 그러한 모든 특질을 설명했다.
>
> (같은 책, 82-83쪽)

초역

신은 유일하고 절대적인 존재로, 만물의 원인이자 무한한 능력을 가진 자유로운 실체다.

스피노자의 신에 대한 이해가 '신 = 실체 = 실현 = 자연'이라면, 유일신이라 하지만 신이 세계 곳곳에 존재한다는 범신론에 가까워 보입니다. 또한 그런 범신론을 더욱 전개하면, 신은 모든 현실 속에서 구름과 안개처럼 흔적 없이 사라지고 말아서, 궁극적으로는 무신론과 다름없지 않냐는 비판이 날아드는 것이 당연해 보입니다. 실제로 스피노자가 목숨을 위협받았던 것도, 당시의 세태 속에서 그가 무신론이라는 위험한 사상의 주인으로 보였기 때문이라고 생각합니다.

🌿 헤겔 혹은 들뢰즈

한편, 후대 철학자들의 이해는 당연히 철학의 맥락 안에서 이루어집니다. 헤겔은 『철학사 강의』에서 스피노자의 철학을 "데카르트의 철학을 절대적 진리라는 형식 속에서 객관화한 것"이라고 이해했는데, 아래와 같이 몇 줄로 정리해 보았습니다.

> 스피노자의 관념론을 단순하게 표현하면, 진정한 것은 단적으로 하나의 실체이며, 이 실체는 사고와 연장을 속성으로 한다. 그것들의 절대적인 통일체가 현실이며, 이것이 틀림없이 신이라고 정식화할 수 있다.
> (헤겔 지음, 『철학사 강의 Ⅳ』, 하세가와 히로시 옮김, 가와데문고, 130쪽)

데카르트와의 연속성을 생각하면, 확실히 그렇겠네요. 헤겔은 스피노자가 존재를 사고와 연장이라는 대립하는 두 항의 통일로서 보고 있다는 점을, 이른바 변증법적으로 해석하고자 했습니다.

이와 달리, 20세기 프랑스 철학계의 철학사 연구에서 독특한 발자취를 남긴 질 들뢰즈(1925-1995)는 헤겔의 스피노자에 대한 해석과는 대조적으로 스피노자는 데카르트주의를 받아들이지 않았다고 보았습니다.

II. 철학 강의 실황 중계

> 데카르트주의는 결코 스피노자의 사상이 되지 않았다. 말하자면, 레토릭이며, 그는 데카르트 철학을 자신에게 필요한 수사로써 활용했다.
> (들뢰즈 지음, 『스피노자의 철학-실천의 철학』, 스즈키 마사히로 옮김, 헤본샤라이브러리, 20-21쪽)

들뢰즈는 스피노자의 체계 안에 등장하는 '신체'나 '정신'이 자기 자신을 뛰어넘는 힘을 얻으려는 움직임에 주목합니다. 스피노자의 체계는 결코 자신의 운동이나 변화를 부정하지 않습니다.

> 그것은 신체는 우리가 그것에 대해 갖는 인식을 초월하며, 동시에 사유 또한 우리가 그것에 대해 갖는 의식을 초월한다는 것이다. 신체 안에 우리의 인식을 초월한 것이 있듯이, 정신 안에도 그것보다 뛰어나고 뒤떨어지지 않을 만큼 우리의 의식을 초월한 것이 있다. 따라서 자기 인식에 부여된 제약을 뛰어넘는 신체의 능력을 손에 넣는 것이 만약 우리에게도 가능하게 된다고 하면, 같은 하나의 운동에 의해서 우리는 자기의식에 부여된 제약을 초월한 정신 능력을 손에 넣을 수 있게 될 것이다.
> (같은 책, 34-35쪽)

이와 같은 관점에서 읽으면, 스피노자의 체계는 들뢰즈 책의 부제목처럼 '실천의 철학'으로서의 성격을 띠기도 하는 것 같습니다. 들뢰즈가 이처럼 스피노자의 신체론에서 '능력'에 주목한 것은 니체나 하이데거가 제기한 현대 철학의 문제와도 연결됩니다. 이 문제는 나중에 마저 다루도록 하겠습니다.

다시 돌아와, 헤겔은 변증법적으로, 들뢰즈는 일종의 신체론적 철학으로서, 자신의 사상으로 끌어와 해석하려고 했습니다. 실제로 후대 사람들은 스피노자의 『에티카』를 다양하게 해석했습니다. 데카르트를 스피노자가 어떻게 계승했는지에 대한 철학사적 관점이, 이처럼 완전히 정반대의 해석이 가능하다는 점은 나름대로 흥미로운 구석이 있습니다. 하여간 이처럼 다양하게 해석할 수 있다는 점은 스피노자뿐만 아니라 뛰어난 철학자에게서도 보이는 특징인데, 여기서는 스피노자가 쓴 글을 조금 더 꼼꼼하게 살펴볼 생각입니다.

생각하는 즐거움과 만족

다음 인용은 『에티카』가 아닌 『신학·정치론』에서 발췌했는데, 스피노자의 선에 대한 태도를 단적으로 보여주는 동시에 『에티카』도 이와 같은 태도로 쓰여 있습니다.

> 우리가 진심으로 바라는 것은 무엇이든 기본적으로 다음 세 가지 중에 들어맞는다. 사물을 그 근본적인 원인으로부터 아는 것, 감정을 잘 제어해서 덕 있는 삶의 방식을 몸에 익히는 것, 안전하게 건강한 신체로 살아가는 것. 이 세 가지다. 이 중 처음 두 개[의 실현]에 직접적인 도움을 주는 수단, 그[실현]를 위한 가장 가깝고 효과적인 요소라고 생각되는 수단은, 인간 본래의 성질 그 자체에 포함되어 있다. 따라서 이 처음 두 개를 이루는 것은 우리의 힘만으로도 충분하며, 인간에게 본래 갖추어진

> **법칙 이외의 것이 딱히 필요하지 않다.**
> (스피노자 지음, 『신학·정치론 <상>』, 요시다 가즈히코 옮김, 고분샤고전신역문고, 152쪽)

스피노자에게 신이 중요하다는 점은 말할 필요도 없지만, "우리의 힘만으로도 충분하며, 인간에게 본래 갖추어진 법칙 이외의 것이 특히 필요하지 않는다"는 것을 『에티카』에 개진하고 있습니다.

우리가 사물을 지각하고, 일반적이고 보편적인 개념을 형성하는 수단은 『에티카』의 제2부 정리 40의 비고 2에서 다음과 같이 3종으로 분류됩니다(앞의 책, 『에티카 <상>』 「제2부 정리 40」, 142-143쪽).

> 제1종의 인식　대상물에 대한 막연한 경험에 의한 인식과 언어나 기호에서 상기되고 형성된 인식(의견 혹은 표상).
> 제2종의 인식　물질의 특질에 대한 공통 개념 혹은 타당한 관념을 가지는 것에 따른 인식(이성).
> 제3종의 인식　신의 몇 가지 속성에 대한 표상적 본질의 타당한 관념에서 사물의 본질로 진행되는 인식('직관지').

제3종의 인식은 '직관지'라고 해도 뭔가 확 와닿지 않지요. 절대적인 존재이자 영원히 존재하는 신이라는 완전한 존재(「정리 14 신 이외에는 어떤 실체도 존재할 수 없고, 또한 생각할 수 없다」 제1부)에 대해서 불완전하고 유한한 존재인 인간이 이성의 본성에 의해 "영원의 상 아래서 지각한다"(『에티카 <상>』 「제2부 정리 44계 2」)라고 합니다.

신이 만든 불완전하고 유한한 신체를 가진 인간은 신과의 관계에서는 늘 수동적이고 불완전한 능력밖에 갖지 못합니다. 그런데도, 완전한 존재라는 것을 상상할 수 있고, 애초에 그와 같은 것은 이 세계에 존재하지 않는데도 '완전'이란 말, 즉 개념을 가지고 있습니다. 불완전한 쪽에서 일어나는 경우에 국한되지만, 완전한 존재를 상상하고 표현할 수 있습니다. 그리고 이 범위 내에서 인간은 신의 완전성에 닿고, 구현되어 있습니다. 이렇게 불완전한 인간이 이성과 직관지를 영원의 상 아래 총동원해 신의 완전성에 닿는 것에서 생겨나는 것이 정신의 만족이며, 즐거움입니다.

❋ 직관지와 지적애

특히 이 직관지라는 제3종의 인식은 『에티카』의 마지막 제5부에서 다음과 같이 정식화되어 있습니다.

> 정리 25　정신의 최고 노력과 최고 덕은, 사물을 제3종의 인식에서 인식하는 것에 있다.
> 정리 27　이 제3종의 인식에서 존재 가능한 한계 안에서 최고의 정신적 만족이 생겨난다.
> 정리 30　우리의 정신은 그 자신과 신체를 영원의 상 아래서 인식하는 한, 필연적으로 신의 인식을 가지며, 또한 자신이 신 안에 있기에 신에 의해서 생각할 수 있음을 안다.
> 정리 32　우리는 제3종의 인식에서 인식하는 모든 것을 즐기고, 게다가

II. 철학 강의 실황 중계

> **이 즐거움은 그 원인인 신의 관념을 동반하고 있다.**
> (앞의 책, 『에티카 <하>』, 122-126쪽)

그리고 이 정리 32의 계에서 "제3종의 인식에서 필연적으로 신에 대한 지적애가 생긴다"(같은 책, 127쪽)고 합니다. 스피노자가 말하는 바는 오해의 여지 없이 써진 그대로이며, 굳이 초역할 필요는 없을 정도지만 과감히 이렇게 해두겠습니다.

> **초역**
> 신을 아는 것에서 사랑이 생겨난다.

플라톤 이후의 진선미는 여기에 하나의 아름다운 작품으로서 열매를 맺었다고 봐도 좋을 것입니다.

사람은 '생각한다'를 통해서 최고의 덕을 획득하고, 모든 것을 즐기게 되며, 그것은 신을 향한 사랑으로 이어지면 동시에 죽음에 대한 두려움조차 없어집니다. 그리고 제5부에서 다시 한번 다음과 같이 언급하고 있습니다.

> **정리 38** 정신은 훨씬 많은 것을 제2종과 제3종의 인식에서 인식함에 따라 그만큼 나쁜 감정으로부터 영향을 받는 일이 적고, 또 그만큼 죽음에 대한 두려움이 적다.
> (같은 책 <하>, 131쪽)

✤ 악을 물리치고, 죽음을 두려워하지 않는다

그렇습니다. 이성을 전제로 하고 직관지를 이용해 완전한 존재를 인식하는 것은 즐거움이며, 덕이며, 사랑입니다. 철학적 사고는 어쩐지 어둡고 괴로운 수행과 같다고 생각되기 쉬운데, 원래는 그렇지 않았을 것입니다. 진선미는 즐거움과 만족과 사랑을 동반하고 사유하는 사람 앞에 모습을 보인다는 이미지입니다. 이 이미지는 죽음을 앞에 두고 전혀 주저하지 않는 면이 오히려 사후 세계를 기대하던 소크라테스(플라톤 『파이돈』에 나오는 소크라테스)의 모습이 떠오릅니다.

『에티카』의 마지막 정리 42의 비고에 등장하는 '현자'를 보면, 확실히 소크라테스와 겹쳐 보입니다.

> 현자는 현자로서 보이는 한, 거의 마음을 흐트러뜨리는 일이 없고, 자기·신과 사물을 어떤 영원의 필연성에 의해 의식하고, 결코 존재하는 것을 포기하지 않으며, 항상 정신의 진정한 만족을 공유한다.
>
> (같은 책 <하>, 137쪽)

스피노자는 절대적 존재인 신이 창조한 타자로서의 인간이 신과 '영원의 상 아래서' 연결되는 것을 통해서, 신의 완전성과 영속성을 획득한다고 보았습니다. 신을 전면에 내세우며 시작된 논의이지만, 인간의 관점에서 보자면, 인간 본래의 힘과 법칙으로 덕 있는 삶의 방식을 실현할 수 있다는 의미이기도 합니다. 스피노자가 자신의 철학을 집대성한 책의 제목으로 굳이 철학이 아니라 윤리=에티카를 선택한 것도 덕이 있는 삶의 방식을 제시하고 있기 때문일지도 모릅니다.

『에티카』에는 플라톤 이후의 진과 선, 그리고 직접적으로 드러내고 있진 않지만, 미가 제시되어 있습니다. 그것은 이 저작 그 자체의 구성과 종반을 향해 가는 문장의 고양감에서 알 수 있습니다. 직접적으로 미를 다루고 있진 않지만, 인간이 신의 타자로서 사랑받고 있다는 수동적인 관계에서 진과 선이 영원의 존재로서 제시되는 방식에는 예술 작품에서 감동받을 때 인간의 인식구조와 같은 면이 있습니다.

※

앞에서 말했다시피 생전의 스피노자는 시대에 받아들여지지 않은 채, 거의 국내 망명자와 같은 생활을 해야만 했습니다. 그래서 책을 집필했던 시기와 그의 사상이 세상에 널리 받아들여지기 시작한 시기까지 1세기 이상의 간격이 벌어져 있습니다.

하지만 동시대에 살았던 라이프니츠(1646-1716)는 스피노자의 친구인 슐러 아래서 스피노자 사상을 연구하고, 헤이그에서 직접 스피노자와도 만나 『에티카』의 초고를 보기도 했습니다(라이프니츠 지음, 『모나드론-형이상학 서설』 기요미즈 도미·다케다 아쓰시·이즈카 가쓰히사 옮김, 주오코론샤, 239쪽). 실제로 라이프니츠의 저서에는 스피노자 사상의 영향이 분명하게 남아 있습니다. 이 점에 대해서는 다음 장에서 살펴보도록 합시다.

제10강

라이프니츠

라이프니츠
[1646-1716]

논리에서 소외된 인간

❋ 모나드

라이프니츠(1646-1716)는 스피노자(1632-1677)보다 14년 늦게 태어났지만, 앞에서 말했다시피 스피노자의 저작이 100년 정도 묻혀 있던 탓도 있어서, 철학서가 세계에 널리 알려진 순서대로라면 라이프니츠가 더 빨랐습니다. 다만 라이프니츠 본인은 1676년 가을, 네덜란드에 사는 스피노자를 찾아가『에티카』의 초고를 봤기 때문에, 라이프니츠에게 스피노자가 앞선 사상가였다는 점은 확실합니다.

그래서 스피노자 정도는 아니라 해도, 라이프니츠의『단자론(모나드론)』도 동료들에게 보여주기 위해 각서 같은 형태로 쓰였습니다. 빽빽이 적힌 글자로 이루어진 철학서가 아니라, 일단 번호가 붙어 있긴 해도 단장 스타일인, 분량이 적은 저작입니다. 처음에는 프랑스어로 쓰였는데, 1720년에 독일어 번역본이, 1840년에 프랑스어판이 간행되었습니다. 모나드론보다 앞서 썼던 논문에는 『형이상학 서설(Discours de métaphysique)』 등이 있는데, 라이프니츠 생전 누구에게도 보여주지 않았다가 19세기 말이 되어서야 겨우 사람들에게 알려졌습니다. 동시대 사람들이나 후세에 끼치는 영향에 따라 이 시대 사람들의 저서는 간행된 순서가 집필된 순서와 많이 달라서, 대표작이라고 여겨지는 저서를 불쑥 집어서 읽으면 이해하기 어려운 데가 있습니다. 동시대 사람들은 더욱 이해하기에 어려웠겠지요.

그런데 라이프니츠 또한 형이상학의 전통에 따라 신과 존재의 본질인 '실체'에 대한 논의를 펼칩니다. 스피노자도 그랬지만, 갑자기 신이나 실체가 등장하면, 요즘 독자들은 상당히 어렵게 느낄 것입니다. 그리고 이 실체 안에서도 숫자 1에 해당하는 듯한 모든 것의 기본적인 요소를 라이프니츠는 '모나드'라고 표현했습니다.

이 '모나드'라는 용어는 이와나미문고의 고노 요이치 번역본에서는 '단자', 최근 연구자나 번역가(최근에는 같은 이와나미문고에서 다니가와 다카코·오카베 히데오 번역본이 출간되었습니다) 사이에서는 '모나드'라고 원어 그대로 사용하고 있습니다. 사물의 가장 단순한 구성요소이자 동시에 그로부터 모든 것을 조합하고 합성할 수 있는 '모나드'란 실체는 글자만 좇아서는 점점 더 모르겠다는 기분마저 듭니다.

라이프니츠는 이 세상의 복잡한 사물 모두 근원을 찾아 나가면, 단순한 요소로 분해할 수 있고, 또 반대로 그 단순한 요소, 예를 들어 알파벳이나 1~9까지의 숫자를 조합함으로써 세계는 모두 성립된다고 생각하고 있었습니다. 다시 말해, 모나드는 그 가장 단순한 구성요소이며, 모든 것을 생성하는 본질을 그 안에 가지고 있는 단위입니다.

실제 내용은 이와 같은 느낌입니다.

1. 지금부터 이야기할 모나드란, 복합체를 만들고 있는, 단일한 실체다. 단일이란, 부분이 없다는 의미다.
2. 복합체가 있는 이상, 단일한 실체는 반드시 있다. 복합체는 단일체의 모음, 다시 말해 집합이기 때문이다.
3. 그리고 부분이 없는 곳에는 넓이도, 형태도 있을 리 없다. 분할할 수도 없다. 모나드는 자연의 진정한 원자다. 한 마디로, 삼라만상의 요소다.
4. 그러므로 여기에는 분해될 걱정을 할 필요가 없다. 더구나 자연적으로 소멸하고 마는 등의 일은 아무리 봐도 있을 수 없다.
5. 같은 이유에서 보자면, 단일한 실체는 자연적으로 발생하지 않는다. 단일한 실체는 부분의 조합에 의해 만들 수 없는 것이기 때문이다.
6. 따라서 이렇게 말할 수 있다. 모나드는 발생도 종언도 반드시 한 번에 이루어지는, 즉 (신이 행하는) 창조에 의해서만 발생하며, 절멸에 의해서만 소멸한다. 하지만 복합체에서는 어떤 경우든 일부분씩 서서히 이루어진다.

(라이프니츠 지음, 『모나드론-형이상학 서설』, 기요미즈 도미오·다케다 아쓰시·이즈카 가쓰히사 옮김, 주오코론신샤, 3-4쪽)

이렇다고 합니다. 이 알 듯 모를 듯한 형이상학 용어의 전통은 라이프니츠에게도 계승되었군요. 하지만 그렇다 하더라도 모나드란 대체 무엇일까요?

> 9 사실 어떤 모나드든 다른 모든 모나드와 서로 반드시 다르다. 자연에서는 두 존재가 서로 완전히 동일하며 거기에 내적인 차이, 즉 내적 규정을 바탕으로 한 차이를 발견하지 못하는 일은 절대 없기 때문이다. (같은 책, 5쪽)

실체에 대해 그 근본에서부터 이야기를 전개하는 점에서는 라이프니츠의 모나드는 스피노자의 『에티카』와도 비슷해 보입니다. 무엇보다도 스피노자가 말한 실체는 세계 안에서 그것만으로 성립한 본질적 존재로, 신과 거의 같은 의미인데, 라이프니츠가 말한 모나드는 신 그 자체가 아니라 신이 창조해 갑자기 이 세상에 생겨난 개체의 '모나드'라는 본질을 표현하고 있습니다.

최소 단위의 '모나드'

라이프니츠는 스피노자를 만난 지 딱 10년 후인 1686년에 『형이상학 서설』을 씁니다. 라이프니츠는 데카르트와 스피노자, 그리고 토마스 아퀴나스, 둔스 스코투스와 같은 중세 스콜라학자들에게서 받은 영감 아래, 『형이상학 서설』에서 훗날 '모나드'라고 부르게 되는 개념을 '실체 형상' 또는 '개별적 실체'라고 칭하고 있습니다.

라이프니츠에 따르면,

> 9 각각의 개별적인 실체는 그 나름대로 우주 전체를 표출하고 있다는 것, 그리고 개별적 실체의 개념에는 그 실체의 모든 사건이 포함되어 있기만 하지 않고, 사건에 동반하는 모든 상황이나 외부의 모든 계열도 포함되어 있다는 것 (같은 책, 67쪽)

라는 인용 구절에 이어지는 기술에서 토마스 아퀴나스의 "그곳에서는 모든 개체가 최소 단위의 종이다"(『신학대전』 1.50.4)라는 구절을 증거로 내세우며, 다음과 같이 개별적 실체를 설명하고 있습니다.

> 어떤 실체든 신이 가진 무한한 지혜와 전능이라는 성질을 약간은 지니고 있으며, 할 수 있는 한 신을 모방하고 있다고까지 말할 수 있다. 즉, 실체는 복잡하더라도 과거, 현재, 미래를 통해 우주에 일어나는 모든 것을 표출하는데, 이는 무한한 표상 또는 무한한 인식과 약간 닮아 있다. 그리고 다른 모든 실체도 그 나름대로 이 실체를 표출하고, 그것에 적응하기 때문에, 이 실체는 창조자의 전능을 모방하고, 자기 능력을 다른 모든 실체에 미치고 있다고 말할 수 있다. (같은 책, 68쪽)

초역

개별적 실체(모나드)에는 신의 전지전능함이 그것을 모방하는 형태로 깃들어 있다.

이것이 라이프니츠가 나중에 모나드라고 확립하는 개념에 대한 첫 설명입니다. 여기에서 가리키는 신은 개별적인 모나드가 여기저기 흩어지는 것을 막아주는 근원으로서의 '본원적인 단일 실체'라고 이해되고 있습니다.

🌿 신의 각인

결국 신의 성질은 개별적인 모나드에 각인되어 있다는 의미네요. 『모나드론』에서는 아래와 같이 서술하고 있습니다.

> 38 그렇다면, 사물의 궁극적인 이유는 반드시 하나의 필연적 실체 안에 있다. 그것은 샘과 같아서, 다양한 변화의 세세한 부분들을 한결같이 우월한 방식으로 품고 있다. 이 실체를 나는 신이라고 부른다.
> 39 그리고 이 실체는 그러한 세부 전체를 충족시키는 충분한 이유이며, 더욱이 이 세부는 서로 어디서든 관계를 분담하고 있다. 그러므로 신은 하나뿐이다, 그리고 이 신만으로 충분하다(충분한 궁극적 이유다).
> 47 그래서 신만이 원초적인 '일(一)', 즉 본원적인 단일 실체이며, 창조된 모나드, 즉 파생적 모나드는 모두 그 생산물에 지나지 않는다. 이것들의 모나드는 소위 시시각각 신의 몸에서 부단히 방사되고 있는 섬광에 의해 생겨나는데, 본성상 유한한 피조물의 관습으로서, (신의 지지를) 받지 않으면 살아갈 수 없다는 것이 모나드의 입장을 제한한다.
>
> (같은 책, 15-16쪽, 18쪽)

라이프니츠에게 신의 완전성은 확고한 것이기 때문에,

> **신의 행위는 항상 더할 나위 없이 완전한 것이며, 또한 더할 나위 없이 바람직한 것이라는 그 위대한 진리를 전체에 걸쳐 인식하는 것은 우리가 무엇보다도 신에게 빚지고 있는 사랑의 근거다** (같은 책, 56쪽)

라고 합니다. 그래서,

> **……신의 의지에 의해 우리에게 일어난 모든 일에 대해서도, 정말로 만족해야 한다. (중략) 생각할 수 있는 한 신의 의지를 헤아려가면서 행동하고, 전체를 위한 선, 특히 우리에게 닿은 것이나 우리 가까이에 있는, 이른바 손이 닿는 범위의 것의 가치를 높이고 완성시키는 일에 공헌하도록 전력을 다해 노력해야 한다.** (같은 책, 56-57쪽)

신의 완전성에 대해서는 라이프니츠는 스피노자와 다른 견해를 보입니다. 스피노자는 신이 완전하고 자연이 필연적인 산물인 이상, 인간이 생각하는 것 같은 목적을 위해서 신이 작용하는 일은 있을 수 없다고 합니다. 왜냐하면 미달성의 목적을 달성하는 것은 신에게 무언가 결여된 부분이 있다는 의미가 되기 때문입니다(스피노자 지음, 『에티카 〈상〉』, 86-87쪽). 이에 반해 라이프니츠는 '신의 작품'인 인간의 노력을 보면, 신이 뛰어나다는 것을 알 수 있다는 식으로, 인간 안에 신의 목적이나 예지가 실현되어 있다고 보고 있습니다. 라이프니츠는 이른바 신과 인간이라는 이중 구조로 이 문제를 극복하려고 합니다(앞의 책, 『모나드론-형이상학 서설』, 52쪽). 이런 점에서는 앞에서 살펴봤던 스피노자가 '영원의 상 아래서' 신과 자신과 사물을 본다는 것과 그 구조가 크게 다르지 않습니다. 그러나 자기 가까이 손 닿는 범위에서 "가치를 높이고 완성시키는 일에 공헌하도록 전력을 다해 노력해야 한다"라고 행동에 역점을 두고 있다는 점은 스피노자와 다른 특징으로 보입니다.

라이프니츠가 말한 모나드란, 결국 이데아가 현실계에서 개별의 사물에 밀착하듯이 나누어진 것처럼 해석할 수 있습니다. 물론, 실제로 사람은 '이것이 모나드다'라고 말할 수 있는 독특하고 유일하며 다른 것으로부터 영향을 받지 않는 본질적 실체라는 것을 눈으로 확인할 순 없습니다. 모나드는 지금 여기에 있는 세계와 같은 곳에 있으면서, 다른 평행 세계와 같은 것을 연상시키는 데도 있습니다.

❋ 이론적 요청으로서의 모나드

라이프니츠가 모나드에 도달하는 과정에서 '다자(多)'과 '일자(一)'에 대한 사유가 전개되는 「실체의 본성과 실체 간의 교섭과 정신과 신체 사이에 있는 결합에 대한 신설(A New Theory Concerning the Nature of Substances, the Interactions Between Them, and the Connection Between Soul and Body)」을 인용해 보겠습니다.

다자는 그 실재성을 진정한 일자성(一性)에서만 얻을 수 있다. 진정한 일자성은 [물질과는] 별개의 곳에서 유래하지만, 그것은 수학적 점과는 완전히 별개의 것이다. 수학적 점은 연장하는 것[연장체]의 말단에 지나지 않으며, 양태에 지나지 않기 때문에, 수학적 점에서 연속체를 합성할 수 없는 것은 확실하다. 그러므로 그러한 실재적 일자성을 발견하기 위해서는 나는 이른바 실재적이며 살아 있는 점, 즉 실재의 원자에 의지할 수밖에 없었다. 그곳에는 완전한 존재를 만들기 위한 무언가가 형상적인 것, 즉 능동적인 것이 포장되어 있을 것이다. 따라서 오늘날 그 정도로 불평을 사고 있는 실재적 형상을 되살려서, 소위 복권시킬 필요가 있다.

(라이프니츠 지음, 『모나드론 외 2편』, 다니가와 다카코·오카베 히데오 옮김, 이와나미문고, 95-96쪽)

초역

진짜 근원에 있는 유일한 것과 개별적인 다자의 관계를 생각하면, 본질을 갖춘 개별적인 원자라는 것을 가정하지 않을 수 없었다.

'실재적 형상'=모나드는 다자를 구성하기 위한 이론적인 요청에 기반하고 있다. 개별적인 사물의 본질적인 '일자'로서의 '모나드'는 당연히도 다양한 사물이 공존하는 '다자'를 상정하고 있어서, 이 세계는 단순한 요소가 법칙에 맞게 결합하고 조화로운 형태로 세계 전체를 구성합니다. 다시 말해, 세계는 라이프니츠가 말한 '예정조화'로 이루어져 있습니다. 이는 안정된 진리의 빛 아래서 모나드가 모나드로서 성립한다는 세계관입니다. 그런데 그 세계는 법칙에 따르고 조화를 이룬 것이기 때문에, 이론이 현실과 하나하나 대응하는 형태로 성립되고 있습니다. 현실에서 그린 정삼각형과 이상적으로 정확한 정삼각형과 같은 관계입니다.

원래 신의 지지를 받는 '모나드'인데, 이때 결과적으로 '모나드'만으로 이루어진 세계가 형성되어 있습니다. 바꾸어 말해, 이것은 신을 찬미하는 과정을 거쳐, 사물이 사물만으로 성립하는 객관적인 세계를 구성한다는 결론에 다다른 수학자의 발상인 것입니다(라이프니츠 지음, 『모나드론』, 다니가와 다카코·오카베 히데오 옮김, 이와나미문고, 70쪽).

이 점이 무종교적인 사람들이 좀처럼 이해하기 어려운 부분입니다. 자연법칙은 신이 행한 일이며, 그것을 발견하는 것은 신의 존재를 확인하는 것인 동시에 신을 찬미하는 것이라는, 중세의 신학=과학자의 심성이 라이프니츠에게 짙게 남아 있다고 볼 수 있습니다.

쓰인 그대로 읽으면 그렇게 읽을 수도 있기도 하고, 라이프니츠 자신이 실제로 그렇게 쓰려고 했다고 합니다. 하지만 시대는 이미 중세가 아니라 사람들이 서서히 종교에서 멀어지기 시작한 17세기를 거쳐 18세기에 진입했습니다. **라이프니츠 개인의 신앙과는 상관없이, 세계는 서서히 신에게서 멀어지기 시작했고, 라이프니츠 자신이 쓴 것임에도 본인의 의도와 상관없이 신을 배제해 성립하는 세계가 결과적으로 구축되고 말았다**는 것을 알 수 있습니다.

다만 여기서 역시 관심이 가는 부분이 라이프니츠와 마찬가지로 착실한 신앙을 계속 이어갔던 스피노자와의 관계입니다.

❖ 스피노자와의 해후

라이프니츠가 1676년에 스피노자와 만났다는 것은 앞에서도 언급했습니다. 연표에 따르면 파리에서 귀국하는 길에 네덜란드 헤이그에 들렀던 라이프니츠가 2개월간 현지에 머무르며, 종종 스피노자를 만나서는 『에티카』의 초고도 읽어보았지요. 그러나 "훗날 라이프니츠는 스피노자와 만난 일을 부정한다"[가와데쇼보신사판 『세계의 위대한 사상9 스피노자 윤리학(에티카) 외』 타카쿠와 스미오 옮김, 스피노자 연표(이노우에 쇼지치), 456쪽]라고 했다고 하네요.

생전에 저서가 발행 금지 처분을 받고, 유대 교회에서 파문당한 위험인물이라고 여겨졌던 스피노자와 만났던 일은 그다지 알리고 싶지 않았을지도 모르겠습니다. 그렇다고 해서 라이프니츠가 과거를 덮으려고 했던 태도는 그리 칭찬받을 만한 것은 아닙니다.

실제로 스피노자의 『에티카』를 읽은 다음에 라이프니츠의 『모나드론』을 읽으면, 라이프니츠는 『에티카』의 초고를 꼼꼼하게 읽은 다음에 신중하게 그 영향을 피해 가며 스피노자와 같은 논리를 답습하지 않으려고 했던 것 같기도 합니다. 이 두 사람의 사상적 방향은 언뜻 대조를 이루지만, 기분 탓인지, 라이프니츠는 굳이 그 대조를 두드러져 보이게 하려고 한 것이 아닌가 생각될 정도입니다.

스피노자는 신의 완전성에서 출발해 오로지 세계의 내적 요소에서 윤리적이고 행복한 생활을 이끌어 내려고 한 결과, 신의 존재를 어느샌가 무시하는 것까지는 아니지만 유대교의 신이든 기독교의 삼위일체의 신이든 어느 쪽을 내세워도 '훌륭한 삶'을 살 수 있을 것 같은 이론을—실제 삶에서도 그러한 과제를 자신의 과업으로 삼았던 것처럼 보입니다—구축했다고 할 수 있습니다.

이런 스피노자와 비교했을 때, 라이프니츠 또한 신을 향한 예찬을 아끼지 않으며, 신의 빛에 비추어진 세계의 합리성을 훌륭하게 포착하고 있습니다. 라이프니츠가 생전에 발표하지 않았던 『형이상학 서설』에는 "최고의 자유란, 최고의 이성에 따라 완전하게 행해지는 것이다"(앞의 책, 55쪽)라는 구절이 있으며, 이 점에서는 세계를 영원의 상 아래서 보는 스피노자의 사상과 공통되어 보입니다.

신이 완전하며, 그 신과 마찬가지로 완전하게 조화를 이룬 복수의 모나드로 만들어진 세계상은 형이상학적으로는 훌륭하게 세계를 설명합니다. 그러나 현실의 세계는 사람들이 최고의 이성에 따라 완전하게 행동하거나, 또는 전력을 다해 노력할 것을 요구합니다. 그리고 그러한 것이 간단히 행해지지 않는다는 것은 말할 필요도 없습니다. 현실은 예정조화는 커녕, 종종 불합리함과 잔혹함으로 가득 차 있습니다. 현실을 보았을 때, 사람들이 이 세계에는 신도, 부처도 없다는 심경에 이르는 일은 동서양을 불문하고 생기지만, **신앙을 벗어난 사람들에게 있어서도 '사물'이 그 자신을 근거로 '사물'로 있다는 과학적 세계관만은 의심받지 않고 남습니다.** 과학적으로 정확하다기보다 과학적 정확성, 그 자체를 구현한 철학으로서 라이프니츠의 철학이 후세에도 높은 평가를 받고 있습니다. 그러나 과학의 발전이 인류에게 행복만을 안겨준 것은 아니라는 사실을 생각하면, 라이프니츠의 정확한 철학에는 무엇인가 옳지 않은 부분이 있는 것은 아닌지 의심할 수도 있습니다.

⁂ 캉디드 — 낙관주의의 아이러니

스피노자의 논의 속에서 신은 무색투명한 존재에 가까워진다는 것을 앞에서 확인했습니다. 그런데 과학 법칙과 합리성을 라이프니츠가 구상했던 대로 밀고 나가면, 스피노자처럼 라이프니츠의 논의 속에서도 신은 결과적으로 불필요한 것이 된다고 할지, 신 없이 문제를 해결할 수 있는 세계가 도래할지도 모릅니다.

시대의 흐름이라고는 하지만, 과학과 사회가 신앙으로부터 점점 멀어져 가는 상황에서는 본인이 의식적으로 아무리 깊은 믿음을 유지하려고 해도, 시대의 흐름을 멈출 수는 없습니다. 더구나 과학이 신이 없어도 성립한다고 생각하기 시작한 근대라는 상황에서 미적분은 전보다 다양한 분야에서 그 힘을 발휘했고, 과학적 사고의 추진자였던 라이프니츠는 (데카르트도, 파스칼도 개인적인 신앙에도 불구하고 그러했지만), 주위로부터 무신론자라고 규탄받는 위험도 감수해야만 했습니다.

비꼬기 달인인 볼테르는 소설 『캉디드』(1759)에 분명히 라이프니츠를 의식해 만든 인물, 팽글로스를 등장시켜, 팽글로스가 낙천적 예정조화의 세계를 말하도록 했습니다. 팽글로스의 대사 중에 "애초에 라이프니츠가 틀렸을 리가 없습니다. 게다가 그의 예정조화설은 '미세 물질 충만'설과 함께 이 세계에서 최고로 아름다운 것이니까요."(볼테르 지음, 『캉디드』, 고분샤고전신역문고, 214쪽)라는 대사도 있습니다.

이 소설의 마지막 장에서는 불우하고 가혹한 운명에 희롱당했던 등장인물들이 작은 공동체를 만들어 각자 자기의 일에 종사하게 됩니다. 그리고 마지막에 주인공 캉디드는 팽글로스의 예정조화적 최선설에 대한 장황한 설명에 "이야기는 됐습니다"라며 말을 막고는, "하여간, 우리는 자신의 밭을 경작해야 해"(같은 책, 229쪽)라는 대사로 작품을 마무리 짓습니다.

볼테르는 라이프니츠의 사상으로 대표되는 합리적이고 '타당한' 이론의 수상함을 비판하는 동시에, 소설의 마지막을 라이프니츠의 메시지 그대로, 인간이 자신의 영역에서 노력하는 것을 강조하는 결말을 취하고 있습니다. 이 부분은 라이프니츠 사상을 향한 단순한 야유가 아니라 사상에 대한 정확한 이해와 비판을 제시한 다음, 그 결론에 대해서, 다시 말해 "자신의 밭을 경작하는 것"에 대한 라이프니츠와 그 생각을 공유하는 것처럼 보입니다.

그런데 라이프니츠가 말한 일련의 낙관적이고 조화로운 텍스트와는 대조적으로, 저자인 라이프니츠 본인은 그다지 행복하지 않은 말년을 보냈던 것 같습니다. 그는 교회에 예배하러 거의 다니지도 않고, 임종의 순간까지도 최후의 성찬을 거부하며, 독신으로 친구도 없이 쓸쓸하게 죽어, 당시의 사람들은 라이프니츠를 무신앙자로 보았다고 합니다(앞의 책, 『모나드론』, 42쪽, 시모무라 도라타로가 쓴 해설 참조). 게다가 여기에 더해, 미분법의 우선권 문제로 사람을 통해 뉴턴과 화해하려고 했지만 이루지 못했다는 일화도 더하면, 확실히 그다지 행복한 말년이라고는 할 수 없었을지도 모릅니다.

한편, 이 점에서는 대조적으로 44세의 젊은 나이에 병을 얻어 세상을 떠나긴 했지만, 친구에게 둘러싸여 있던 스피노자의 사상에는 반대로 밝은 기운을 느끼게 하는 데가 있습니다.

그리고 라이프니츠의 사상은 18세기 후반을 지나서, 후의 칸트, 셸링, 그리고 헤겔 등이 다시 한번 발굴하고 재평가합니다.

∗

조금 더 이야기하자면, 헤겔은 『대논리학』에서 미적분학을 누가 먼저 발견했느냐는 우선권 문제에 대해서는, 한결같이 라이프니츠를 옹호하는 쪽에 서서 뉴턴의 우선권을 부정했는데요. 일본의 라이프니츠나 헤겔 연구자들은 이 점에 대해서는 어떠한 견해를 가지고 있을지 궁금합니다. 참고로 저는 헤겔 『대논리학』의 이 부분은 건너뛰고 읽지 않을 계획입니다.

이 점에 대해서 수학자인 후지와라 마사히코는 뉴턴의 손을 들어주었습니다. 그것은 라이프니츠가 미적분학의 기본 정리를 증명하기 2년 전에 뉴턴의 성공을 들었기 때문이라는 이유에서입니다. 풀릴지 어떨지 모르는 난문에 도전한 라이프니츠와 풀 수 있다고 예측한 난문에 도전한 뉴턴이 낸 작업물의 질은 차이가 날 수밖에 없습니다. 이 문제는 풀린다고 예측한 뉴턴이야말 우선권을 가진다는 후지와라 씨의 생각에는 전문가다운 설득력이 있습니다[후지와라 마사히코 지음, 『마음은 고독한 수학자(心は孤独な数学者)』, 신초문고, 56쪽]. 그리고 저도 특히 영국에도, 독일에도 특별한 애정은 없지만, 여기서는 후지와라 마사히코의 설을 채택하도록 하겠습니다.

제11강

흄과 칸트

흄
[1711-1776]

임마누엘 칸트
[1724-1804]

경험론의 충격

❋ 독단론으로부터의 탈출

근대 과학 발전에 엄청난 공헌을 한 라이프니츠가, 철학적으로는 형이상학의 전통을 계승해 사물 본질로서의 실체와 신의 존재를 다루었다는 사실은, 오늘날 우리에게는 커다란 모순으로 보일 수도 있습니다. 하지만 신이 행하는 일을 자연법칙으로 이해하고 검증하는 시도는 이미 중세 이후 과학계의 주제였습니다. 그래서 데카르트가 등장했다고 해서 갑자기 과학과 신앙이 모순되는 상태에 빠지지는 않았습니다. 그런 점에서도 라이프니츠의 방법은 중세부터 이어져 온 학문의 흐름을 그대로 수용했다고 생각하는 편이 좋을 듯합니다.

18세기 중반부터 19세기 초반에 걸쳐 활약했던 임마누엘 칸트(1724-1804) 또한 이 철학의 전통을 이어받아서 언젠가는 형이상학에 대한 논의를 전개하고 싶다고 생각했던 것 같습니다. 어느 날, 칸트는 영국 경험론을 계승한 흄(1711-1778)의 『인간 지성에 대한 탐구』(David Hume, Enquiry Concerning Human Understanding, 1748)를 읽고 큰 충격에 빠집니다.

> 데이비드 흄의 경고야말로 십수 년 전에 처음으로 나를 독단의 잠에서 깨웠다. 그리고 사변철학의 영역에 관한 나의 연구에 그때까지와는 완전히 다른 방향을 제시해 주었다.
>
> (칸트 지음, 『형이상학 서설』, 시노다 히데오 옮김, 이와나미문고, 19-20쪽)

칸트가 놀란 부분은 흄이 원인과 결과의 연결, 즉 인과관계라는 개념을 전부 부정했던 부분이었습니다. 과학이 대상으로 삼아야만 하는 사실의 세계에서 "어떤 무언가가 존재한다고 해서, 다른 어떤 무언가까지 존재해야 하는 것은 아니다"(같은 책, 14쪽)라는 이야기는 이성에 속은 것이며 상상의 산물에 지나지 않는다는 의미입니다.

흄은 이렇게 단언합니다.

> 모든 결과는 그 원인과는 개별적인 사건이다. 그러므로 그러한 결과가 원인 속에서 발견되는 일은 있을 수 없고, 그러한 결과를 아프리오리로 맨 처음 고안하거나 상념하거나 하는 일은 참으로 자의적인 것이 될 수

> 밖에 없다. 그리고 결과가 표시된 후에조차 그것과 원인과의 연결은 똑같이 자의적으로 보여야 한다.
>
> (흄 지음, 『인간 지성에 대한 탐구』, 사이토 시게오·이치노세 마사키 옮김,
> 호세대학출판국, 27쪽)

이 인용문 조금 앞부분에는 앞에서 '흄의 문제'라며 다루었던 부분도 포함되어 있어서, 다시 한번 인용하도록 하겠습니다.

> 태양이 내일은 뜨지 않을 것이라는 것은 태양이 뜰 것이라는 단정에 비해서 이해하기 어려운 명제가 아니며, 더 많은 모순을 함축한 것도 아니다.
>
> (같은 책, 같은 쪽)

앞에서도 봤다시피, 영국의 사상가들은 전통적으로 프랜시스 베이컨 (혹은 더 거슬러 올라가 중세의 로저 베이컨) 때부터 이미 이성이 언뜻 보기엔 그럴싸하게 보이지만 사람을 그르치게 하는 성질이 있다는 것을 알고 있었습니다. 그래서 형이상학과 같은, 비록 신이 아니더라도 절대적으로 확실한, 이른바 제1원리에서 모든 것이 논리적으로 도출되는 연역적 체계에 대해서는 거의 반사적으로 의구심을 갖게 되는 경향이 있습니다. 데카르트의 논의를 로크가 처음부터 받아들이지 않았던 이유 또한 이와 같습니다.

✤ 경험을 연결하는 것—'관념 연합'

그건 그렇다 치더라도, 원인과 결과의 연결 고리가 필연적인 관계는 없음에도 불구하고, 우리가 어떤 사물의 관념이나 인상에서 다른 사물의 관념이나 인상으로 이어질 (예를 들어, "태양이 내일도 떠오를 것이다") 때, 그 사물들의 관념을 연합하는 원리가 있을 테지요. 흄은 그러한 원리를 '유사성', '근접성', '인과성', 그리고 '항상적 결합'이라는 독특한 개념을 사용해 전개했습니다[흄 지음, 『인성론 1(A Treatise of Human Nature)』, 오쓰키 하루히코 옮김, 이와나미 문고, 1948, 154-155쪽]. 그러나 그것도 지금까지 그래 왔으니 다음에도 그렇게 될 것이라고 습관적으로 받아들이는 것일 뿐, 완전한 원리라고는 부르기 어렵습니다.

흄은 이 관념 연합의 원리를 모든 관념의 운동과 생성으로 묘사해서, 인간의 마음이나 사회가 어떻게 구성되어 있는가와 같은 문제의 수립 방법을 제시합니다. 이 문제의식은 본질에서 출발하는 하향식 원리가 아니라 **개별적인 경험이 상향식으로 아래서부터 쌓아 올려 인간의 마음이나 사회로 변성해 간다는 관점**에 기반하고 있습니다. 예를 들어, 흄이 신념의 형성을 설명할 때 '기세'나 '활기'라는 개념을 도입하는 방법 또한, 일종의 복잡계 과학 같은 이해 방식과 통하는 부분이 있습니다.

관념 연합의 원리를 탐구했던 흄의 논의는, 인간 사회의 습속을 관찰하는 모럴리스트의 계보로 이어지며, 근대 사회과학적 관점의 형성이라는 면에서 어쩌면 오늘날까지도 유효하다고 볼 수 있습니다. 그러나 그 논의의 시작점에서 사물의 인과관계를 철저하게 파괴한 흄의 문제가 가진 영향력은 비판의 대상이 된 형이상학뿐만 아니라 당시의 과학에까지 미쳤습니다.

칸트는 이 파괴력을 동시대에 살며 정면으로 받아들여야 했습니다. 그러한 이유로, 칸트는 선배인 라이프니츠처럼 바로 형이상학적 존재론에 뛰어들 수는 없었습니다. 흄에 의해 산산이 부서진 것처럼 보였던 원인과 결과의 필연적인 연결에 대해서 말하자면, 필연성은 사실 세계에서나 인정되지 않는 이야기로, 흄 자신도 개념과 관념과의 필연적 관계는 피타고라스의 정리처럼 실재하는 무언가에 의존하지 않고도 성립한다는 것을 인정했습니다. 인간이 오감에 의한 지각(경험) 속에서 사실을 사실로서 받아들이는 부분에 문제가 있는 것입니다. 그러므로 인간이 경험 안으로 필연성을 가지고 들어오려는 시점에서 이미 문제가 발생하게 됩니다.

❀ 경험에 앞서서 존재하는 것—'선험론'

그래서 칸트는 경험의 작용과 경험에 앞서서 존재하는(아프리오리한) 원리를 분리해서 생각해 보는 것에서부터 시작했습니다. 아프리오리는 선험적, 혹은 선천적이라고 번역되기도 하는데, 기본적으로는 경험에 앞선, 경험에 의존하지 않은 정도의 의미입니다. 앞에서 봤던 피타고라스의 정리 등과 같은 것입니다. 그리고 용어로서는 보다시피 이미 이 장의 흄의 인용 중에 등장했지요.

실제로 칸트는 필연성의 원리가 형이상학의 열쇠가 되어야 하는 개념(아프리오리는 종합적인 통일)이며, 인간의 경험이 아니라 이해력(지성)에서 시작되어 거기서부터 개념을 연역해 가는 이유를 분명히 밝힙니다. 이 내용을 조금 더 설명하자면, 신의 존재를 제1원인(제1원리)으로 해 거기서부터 우주와 세계의 사물을 차례로 설명하려는, 이른바 〈원리→사실〉이라는 형이상학적, 체계적 방법입니다. 이 논리를 뒷받침하는 것이, 신(원인)과 결과(사물·세계)와의 필연적인 결합입니다.

칸트의 『순수이성비판』은 흄의 형이상학에 대한 비판을 이어가면서도, 경험에 앞선 논리와 연역의 방법을 이성 전체 안에 위치시켜 다시 한번 이후의 새로운 형이상학의 길을 열고자 했습니다.

흄이 인과관계의 필연성을 이성에서 도출할 수 없다고 한 주장에 대한 칸트의 답은, '확실히 필연성을 이성에서 도출할 수 없지만, 그것은 인간이 지닌 이해력(지성)의 작용으로서 파악할 수 있다'입니다. 이성은 경험을 가능하게 하는 조건으로서, 특히 그 순수한 형식, 즉 시간이나 공간으로서 기능하고 있습니다. 인간의 경험은 시간과 공간 속에서 이루어지기 때문입니다. **칸트는 이렇게 이성의 작용을 경험 이전의 상태에서 살펴봄으로써, 흄의 파괴력이 닿지 않는 장소를 확보하려고 했습니다.**

다만, 칸트의 이 방법이 형이상학을 이끄는 데 성공했다(본인 기여도 100%)고 하더라도, 일단 형이상학이 사물의 본질을 포함한 존재로서의 '실체'를 인식 대상으로 삼으려고 할 때, 칸트 자신이 공들여 발전시킨 논의를 답습해서는 무리한 전개가 됩니다.

❖ 사물의 본질은 인식할 수 없다—'물자체'

칸트는 전통적인 형이상의 '실체'를 '물자체(Ding an sich)'라는 독특한 용어로 표현합니다. 이 '물자체'는 인식할 수 없는 것입니다.

> 우리는 장소에 지금 존재하고 있는 사물이 왜 존재하는지, 혹은 장소의 변화에 상관없이 사물 그 자체에 작용하고 있는 것은 왜 존재하는지 직관으로 알 수 없다. 게다가 단순한 관계에 의해서는 물자체는 인식될 수 없다는, 외적 감각이 우리에게 부여하는 것은 관계의 표상뿐이기 때문에, 외관의 표상에 포함될 수 있는 것 또한 주관과 대상과의 관계만이며 대상 자체에 부속하는 것이 아니라는 것은 쉽게 판단할 수 있는 바다.
>
> (칸트 지음, 『순수이성비판 <상>』, 시노다 히데오 옮김, 이와나미문고, 115쪽)

초역

사물의 본질이 무엇이냐는 것은 감각에 의해서도 이성에 의해서도 알 수 없다.

대상인 사물이 있는 공간에 존재한다는 것은 알 수 있지만, 그 본질은 모른다는 결론은 이성의 한계를 시사합니다. 그런 점에서는 이 시사점이야말로 오히려 흄의 이론을 뒷받침하고 있다고도 생각할 수 있습니다.

게다가 칸트는 이성은 무언가를 탐구하려고 할 때, 서로 정반대의 주장을 하는 두 종류의 논의를 전개할 수 있다는 것까지 보여줍니다. 『순수이성비판』에서 「선험적 변증론·제2편」의 제2장 「순수이성의 안티노미」(이율배반) 이

하의 내용이 그것입니다.

 칸트는 책의 쪽을 위아래로(원고지라면 당연히 좌우로) 구역을 나누어, 정명제와 반명제가 각각 논리적으로 성립하는 것을 증명합니다. 예를 들어, 세계의 시공간은 유한하다는 것과 시공간은 무한하다는 상반되는 주장이 둘 다 성립하는 것을 실제로 제시해 보여줍니다. 이때 칸트는 앞서 살펴보았던 흄의 "태양이 내일 뜬다"라는 명제와 "태양이 내일 뜨지 않는다"라는 명제가 등가라고 말한 문제를 의식하고 있는 것이 틀림없습니다.

 그렇다고 해도 여기까지 철저하게 논리가 전개되면, 아리스토텔레스부터 라이프니츠에 이르기까지의 형이상학은 예외 없이 괴멸적인 타격을 받는 것이 아닌가란 생각이 들 정도입니다. 원래 형이상학을 목표로 하는 칸트는 실제로 여기서부터 새로운 형이상학을 구상해야만 했습니다.

 흄의 논의를 자세하게 검증한 칸트는 이성은 사물을 인식하기 위한 틀이 될 수는 있어도, 인과관계의 필연성은 착각에 지나지 않고, 그 본질은 인식할 수 없다는 결론에 다다릅니다. 하지만 사물의 인식은 그렇다 할지라도, 실천에서는 그렇지 않다는 것이 칸트의 입장입니다.

❋ 이성은 불가능해도 실천은 가능하다

칸트는 사람이 도덕적으로 행동할 때, 그것은 어쩔 수 없이 하는 것이며, 그 행동 안에서 필연성을 확인할 수 있습니다. 가령 도덕적인 행동을 하지 않은 경우에도, 그때 하지 않은 행동에 대해서 사람은 내심 부끄러운 감정을 느낍니다. 칸트는 이것 또한 순수이성의 소산이라고 말합니다. 『순수이성비판』의 후반부에서 칸트는 이러한 도덕적 법칙의 필연성에 대해 자주 언급합니다.

> 하지만 도덕적 믿음이 되면 사정은 전혀 달라진다. 이 경우에는 무언가 어떤 일이 일어나야만 한다는 것, 즉 내가 모든 점에서 도덕적 법칙에 따라야만 하는 것은 절대로 필연적이기 때문이다. 이 목적 '도덕적 법칙에 복종한다고 한다'는 반드시 확립되어 있다. 그리고 내가 아는 한에서는, 이 목적은 유일한 조건 아래에서만 다른 모든 목적과 연관되며, 이것에 의해서 실천적 타당성을 가진다, 즉 그것은 신과 내세가 존재하는 조건이다. 또한 도덕적 법칙에 따라서 목적이 걸린 통일에 이르는 조건으로는 누구라도 이 이외의 조건을 모른다는 것은, 내가 확실히 아는 바다. 그러나 도덕적 지정은 동시에 나의 격률이기도 하므로(격률이 반드시 관련되어야 한다는 것, 바로 그것이 이성이 명령하는 바다), 나는 신의 존재와 내세를 믿지 않을 수 없다. (앞의 책, 『순수이성비판 <하>』, 118쪽)

초역

신의 명령인 도덕을 실천할 때, 사람은 신과 이어질 수 있다.

칸트가 『순수이성비판』의 이 부분을 세밀하게 전개한 저서가 『실천이성비판』입니다. 칸트의 책이 너무 두꺼워서 시작할 엄두도 나지 않는 사람은 이 책부터 먼저 읽어볼 것을 추천합니다.

❋ 내 삶 속의 도덕률

다시 말해, 칸트에 따르면 도덕법칙은 신의 명령입니다. 이 필연성을 확신하기 때문에 이성이 본질을 인식할 수 없어도 전혀 당황할 필요가 없습니다. 도덕적 법칙에 기반한 필연성이 설령 사소한 선행에서 아주 약간이라도 확인되었다면, 그 시점에서 신과 직접 이어질 수 있습니다. 선행의 순간에 신과 이어지는 것은 기독교에만 국한된 이야기가 아닙니다. 아래 인용처럼 칸트는 신과 내세의 존재를 확신합니다.

> 여기에 두 개의 사물이 있다, 그것은 ─ 우리가 그 사물을 사념하기를 오래도록, 그리고 자주 할수록, 항상 점점 늘어나는 새로운 감탄과 경외의 마음을 가지고 우리의 마음을 완전히 충족시킨다, 즉 내 머리 위의 별이 흩뿌려진 하늘과 내 안의 도덕법칙이다. 나는 이 두 사물을 암흑 속에 가두어진 것으로서, 혹은 초월적인 것 안에 숨겨진 것으로서 우리의 시야 밖에서 구하거나, 혹은 그저 단순히 추측할 필요가 없다.
>
> (칸트 지음, 『실천이성비판』, 하타노 세이치·미야모토 와키치·시노다 히데오 옮김, 이와나미문고, 317쪽)

초역

신의 법칙과 도덕법칙의 일치를 나는 실감하고 확신할 수 있다.

예로부터 '별이 빛나는 하늘과 내 마음속 도덕률'이라고 알려진 부분입니다. 별이 가득한 하늘은 신의 본질을 비유한 것입니다. 그리고 도덕률, 즉 도덕은 실천해야 비로소 의미를 가지는데, 그것을 달성한 날에는 신의 법칙이 자신에게 흘러들어오는 것을 체감할 수 있다는 의미입니다.

 기독교에서 멀어져 가고자 한 시대의 흐름 속에서도, 도리어 칸트의 신앙은 뜨거웠습니다. 그러나 그 독실한 신앙에도, 흄 이상으로 학문적 방법으로 신앙과 이성의 관계에 메스를 가져다 댄 사실은 참으로 근대적이긴 합니다. 본인의 의도와는 별개로 철학 자체가 저 혼자 달려 나가 버리는 경향은 이미 데카르트에게서도 보입니다. 하지만 그 경향은 이후 헤겔에 이르러 더욱 가속화됩니다.

헤겔

헤겔
[1770-1831]

세계는 이성으로 이루어져 있다

❖ 이성은 객관적 실재

헤겔(1770-1831)이 철학에 뜻을 두었을 무렵에는 이미 칸트의 『순수이성비판』(1781년 초판, 1787년 제2판), 『실천이성비판』(1788년), 『판단력비판』(1790년)이 간행되었으며, 당연하게도 헤겔도 당시의 철학도와 마찬가지로, 고대 그리스 이후 선철의 업적에 더해 칸트의 철학도 철저히 거듭 읽고 영향을 크게 받았습니다. 헤겔의 모든 저작 중에서도 칸트를 언급하는 부분을 세어본 적은 없지만, 그 수가 상당합니다.

앞 장에서 살펴봤듯이 칸트는 이성이라는 힘을 될 수 있는 한 엄밀하게 파악하고자 했습니다. 그 결과, 칸트가 '이성에 의해 물자체를 인식할 수 없다'

II. 철학 강의의 실황 중계

라고 한 것을 헤겔은 도저히 이해할 수 없었던 것 같습니다.

> 칸트가 말한 사유의 객관성은 결국 또 주관적인 것에 지나지 않는다. 왜냐하면 칸트에 의하면 사상은 보편적이고 필연적인 규정인데, 역시 우리의 사상에 지나지 않고, 물자체란 넘을 수 없는 심연에 의해서 구별되기 때문이다. 사상의 진정한 객관성이란 사상이 단순히 우리의 사상일 뿐만 아니라 동시에 사물과 대상적인 것, 일반 자체인 것을 의미한다.
>
> (헤겔 지음, 『소윤리학 <상>』, 마쓰무라 가즈토 옮김, 이와나미문고, 169쪽)

초역

칸트는 생각하는 것에 객관성이 있다고 하지만, 그 객관성은 결국 주관성과 다르지 않다. 칸트가 말하는 것처럼 사물을 부정확한 자로 파악해도, 결국 그 사람의 지나친 생각에 그칠 뿐, 객관적이라고 여겨지는 사물의 본질에는 영원히 도달할 수 없다. 오히려 이때 객관성을 논한다면, 실은 우리가 생각한다는 그것이야말로 사물 그 자체이며, 그 본질이다.

즉, 이 인용의 핵심은 **'생각하는 것이야말로 세계를 만들고 있다'**는 것입니다.

그러므로 헤겔에게 칸트가 탐구했던 객관성이란 어떻게 보아도 주관적 작용의 규칙적인 한 면에 지나지 않고, 그렇게 해서 객관적으로 사물을 파악하려고 해도, 그것도 역시 주관적인 것에 지나지 않습니다. 게다가 사물의 본질에서 멀어지는 듯합니다. 그리고 그런 것은 헤겔이 도달한 "사상은 물자체다"라는 본인 기여도 100%의 직관적인 진리에서 보면, 더 이상 문제가 아니게 됩니다.

❈ 궁극의 이념

칸트 이후 철학의 흐름은 일반적으로 독일 관념론이라고 불리며, 보통 헤겔을 그 완성자로 봅니다. 이것은 결론부터 말하자면, 관념(사상)과 사물이 같다는 입장입니다.

칸트가 이성을 지나치게 제한한 것과는 전혀 다르게, 헤겔은 모든 것을 이성 안에서 이해하려고 했습니다. 이성은 사람의 머릿속 사고 양식뿐만 아니라, 세계의 생성과 발전, 즉 역사의 법칙인 동시에 세계의 실재 그 자체이기도 하다고 주장합니다. 이 역시 과장에도 정도가 있다고 말하고 싶어지는 독특하고 장대한 이론입니다.

> 이성—이란 표현을 여기에서는 신과 관련짓는 일 없이 사용하겠습니다만, 이 이성이 실체이며, 무한의 힘이자, 스스로 자연적 생명과 정신적 생명을 성립시키는 무한의 소재이고, 이 내용을 활성화시키는 무한의 형식이기도 한 것이, 철학적 인식을 통해서 증명됩니다.
>
> (헤겔 지음, 『역사철학강의 <상>』, 하세가와 히로시 옮김, 이와나미문고, 24쪽)

초역

이성은 이미 본질 그 자체이자, 힘이며, 무엇이든 될 수 있는 소재이고, 무한의 형식이다. 즉, 이성은 존재의 모든 것이라는 것을 철학적으로 고찰함으로써 분명히 한다.

"신과 관련짓는 일 없이"라고 말하면서도, 실은 그렇게 말하는 것도 그와 다름없는 말입니다. 고대 그리스 이후의 '실체'는 이 인용문에서는 이성으로 파악되며, 그것은 이미 세계 그 자체가 되었습니다. 그러나 한편으론 이성은 논리라도 있어야 합니다. 헤겔은 이 문제를 논리학에 관한 모든 저작(『대윤리학』, 『소윤리학』, 그 외 강의록)에서 '개념론'으로 다루고 있습니다.

> 자유로운 진짜 사상은 그 자신 안에서 구체적이다. 이리하여 그것은 이념이며, 그 완전한 보편성에 있어서는 이념 그 자체 혹은 절대자다. 절대자의 학문은 필연적으로 체계여야 한다. 왜냐하면, 진정한 것은 구체적인 것이어서 그것은 자기 안에서 자기를 전개하면서도 자기를 통일로 집중하고 자기를 통일 안에 유지하는 것, 한마디로 통체(Totalität)로서로만 존재하기 때문이며, 또한 자기의 모든 구별을 구별하고 규정하는 것에 의해서만 모든 구별을 필연적인 것으로 하고, 또한 전체를 자유로운 것으로 할 수 있기 때문이다.
>
> (앞의 책, 『소윤리학 <상>』, 84쪽)

초역

사상은 사물의 본질 그 자체이기 때문에, 사상이면서 구체적이다. 이 사상의 궁극적인 형태는 이념이며, 그것은 말하자면 신의 일이다. 신=절대자는 구체적인 것을 체계적으로, 그리고 법칙에 따라서 정리해 완성하고, 자기 자신을 전능자로서 드러낸다.

즉, 궁극적인 이념은 신이라는 말입니다.

여기서 헤겔이 말한 '구체적'인 것이란 보통 관념적이며 추상적인 것의 대극에 있다고 여겨질 텐데, 그것이 이념이자 절대적 존재라고 헤겔은 말합니다. 그것은 자기를 전개하면서 통일한다는, 상반된 운동 속에 있고, 구별하거나 규정하면서도 전체를 자유로운 것으로 삼을 수 있다는, 이것 또한 모순된 작용을 하고 있습니다.

변증법 논리와 시간

이처럼 추상과 구체, 전개와 통일, 규정과 자유라는 상반된 개념이 서로 부딪히면서 새로운 이념 = 절대적 존재가 생겨난다는 것이 바로 변증법 논리입니다. 칸트는 이성이 아니라 실천을 통해서 진리로 이르는 좁은 길을 열기는 했는데, 헤겔은 본래 이성의 타당한 사용법이었을 논리가 가진 힘을 고대 그리스에서 유래한 변증법의 도움을 빌려 철저하게 이용하고 있습니다.

변증법이란 '정'에 대해서 '반'이 등장하고, 그 대립이 '합'의 수준으로 지양[교양 있어 보이려는 사람이 입에 올리는 독일어인 '아우프헤벤(Aufheben)'], 즉 종합되어 그 '합'에 대해 또 '반'이 등장해, 이것 또한 새로운 '합'의 수준으로 승화해 가는 식으로 차례차례 발전시켜 가는 논리입니다.

다만, 이 변증법 논리에서는 '정'에 대한 '반'의 자리에 무엇을 둘 것인지는 논리적으로 정해져 있지 않습니다. '정'에 대해서 '정이 아닌 것'은 무수하게 존재합니다. '사람'에 대립하는 '사람이 아닌 것'은 동물인지 식물인지, 혹은 어떤 종류의 사람이 가져야 할 자격이 결여된 악인인지, 어느 것도 명백하지 않습니다. 이 '사람'의 부정 개념 자리에 무엇을 대입하는가는 논리를 구사하는 사람이 생각하기 나름입니다. 따라서 논자가 여기에 변덕스럽게, 혹은 떠오른 개념을 억지로 둔다면, 당연히 결론 또한 이상한 것이 될 가능성이 있습니다.

다만 한편으로 변증법 논리에는 형식논리에 없는 강점이 있습니다. 바로 아리스토텔레스 이후의 형식논리와는 다르게, **'시간의 경과를 논리 속에 편입시킬 수 있다'**라는 이점입니다.

전통적인 형식논리에서 '사과는 빨갛다'라고 말할 때, 그 사과는 논리 속에서는 영원히 썩지 않고 언제까지나 빨간 사과 그대로입니다. 이에 반해서 변증법 논리에 등장하는 사과는 시간과 함께 존재합니다. 그 사과는 시간이 경과됨에 따라 썩은 후 흙으로 돌아갈지도 모릅니다. 아니면 그 사과 속의 씨앗이 발아해 이윽고 나무가 되어 초록으로 우거지고 새로운 열매를 맺는 사과입니다. 사람이 가족을 이루고 사회를 조직하고 국가를 형성해 가는 것을 변증법적으로 설명함으로써, 본래 정적인 형식논리를 대신해 동적인 변증법적 논리가 역사와 사물을 그 안에 품을 수 있게 되었습니다. A=A는 시간과 서사를 획득함으로써, A=X, 즉 A는 어느샌가 A가 아닌 무언가가 되어 버립니다. **형식 논리적으로는 오류가 있어도, 시간과 서사가 공유되는 것에 의해 변증법으로서는 설득력을 갖춘 논리가 될 수 있기** 때문입니다.

❈ 이념으로 성장하는 개념

그러므로 헤겔은 논리의 출발점인 '개념'부터 다음과 같은 정의를 내립니다.

개념(Begriff)는 항시적으로 존재하는 실체적인 힘으로서, 자유로운 것이다. 그리고 개념은 체계적인 전체(Totalität)여서, 개념 안에서는 그 모든 모멘트의 개별은, 개념이 그러한 것 같은 전체를 이루고 있으며, 개념과의 불가분의 통일로서 정립되어 있다. 그러므로 개념은 자기 동일 안에 있으면서 즉자적이고 대자적으로 규정되어 있다.

(앞의 책, 『소윤리학 <하>』, 121쪽)

초역

개념은 그 자신이 힘을 내포한 자립적인 존재다.

헤겔은 하나의 글 안에서 변증법적 정반합을 실천하고자 했기 때문에, 헤겔의 글은 논리의 흐름에 맞지 않는 부분이 갑자기 끼어들어서는 다음 글로 비약하는 무서운 문장들로 쓰였습니다. 이 글에서도 개념이 실체적인 것은 이전의 흐름에서도 그렇다 치고, 그것이 독자적인 것으로서 성립하고 있는지 어떤지에 대해서는 누구도 들은 바가 없습니다. 그런데 그것이 일방적으로 단정되면 당혹스럽지요. 게다가 그 자립의 근거는 쓰여 있지 않습니다. 오히려 선언할 뿐입니다. 그래서 각각의 개념에 계기(모멘트)가 있는 것 같은데, 그것이 '전체'를 이루고 있어서 개념과의 분리되기 어려운 통일이라고 해도, 의문은 눈덩이처럼 불어납니다. 그렇게 해서 '따라서'라고 한 날에는 대체 무엇을 따른다는 것인지 모르겠지만, 아무래도 그 자신이 다른 무언가에 의존하는 것도 없이 어떤 종류의 규칙에 따르며 자립했던 것 같다는 것을 알 수 있습니다, 이라기보다, 일단 그렇게 쓰여 있습니다.

이 "즉자적이고 대자적으로 규정되어 있다"와 같은 문장은 헤겔의 변증법에 나타나는 독특한 표현인데, 자기 안에 모순이나 대립을 품은 채, 이 개념이라는 것이 실재성을 획득하면 '이념'으로 승격합니다. 알 듯 모를 듯해서 고개를 갸우뚱거리는 사람이 적지 않을 것입니다. 하지만 이 말의 모순이나 대립을 그대로 변증법적으로 종합하면, 사물과 사상이 하나가 된 '절대이념'의 세계로 초대를 받게 됩니다. 물론 그러한 곳에는 초대받았더라도 가지 않아도 괜찮습니다. 이건 농담이고, 사실 이 변증법 논리에는 하나의 큰 이점이 있습니다.

'사물'이 '사물'일 수 있는 '이 사물'은 아리스토텔레스부터 토마스, 둔스 스코투스를 지나, 라이프니츠에서 정식화된 '실체 형상'이나 '개별적 실체', 또는 '모나드'라는 개념에 의해 성립됩니다. 하지만 이렇게 세워진 개념이 완전성을 갖추고 있는 것에 반해, 지금 여기에 있는 현실의 이것은 결코 완전하지 않습니다. 이 사이의 관계를, 예를 들어 라이프니츠는 "이 실체는 창조자의 전능을 모방하고, 자기의 힘을 다른 모든 실체에 미치고 있다"고 표현하고 있습니다(앞의 책, 『형이상학 서설』, 68쪽).

요컨대 사람은 자신의 밭을 경작하기 위해 노력해야 합니다. 그 노력의 결과, 지금 여기에 있는 '이것'은 개별적 실체에 가까워집니다. 그리고 이것을 논리 위에서 가능하게 하는 것이 헤겔의 변증법 논리입니다. 변증법은 인간이 사물에 들이는 노력의 시간을 포함한 논리입니다.

❋ 이념에서 절대 이념으로

위에서 언급한 점들을 고려하며 '이념'을 계속 설명해 보겠습니다.

'이념'은 아무래도 헤겔에 따르면 개념의 상위에 위치하는 것으로, 개념이라고 하는 것만으로 이미 체계적인 전체성을 갖추고 있습니다. 이 상태에 객관성과 실재성이 더해지면, '이념'이 된다고 합니다.

> 이념은 즉자적 그리고 대자적인 진리이며, 개념과 객관성과의 절대적인 통일이다.
> (앞의 책, 『소윤리학 <하>』, 208쪽)

> 이념은 개념과 실재성과의 통일이다. 그것은 자신과 자신의 실재성 자체를 규정하는 바의 개념이다. 달리 말하면, 이념은 존재해 마땅하도록 존재하는 바의 현실성이며, 따라서 자신의 개념 자체를 품고 있는 바의 현실성이다.
> (헤겔 지음, 『철학 입문』, 다케치 다테히토 옮김, 이와나미문고, 206쪽)

헤겔이 "달리 말하면"이라고 하면, 새로운 말을 거듭해서 오히려 더 이해하기 어려워지는데, 일단 조금 더 이념에 관해 서술한 부분을 인용해 보겠습니다.

> 이념(die Idee)이란 객관적으로 진정한 것(das objecktiv Wahlheit)이다.
> (같은 책, 243쪽)

> 이념은 완전한 개념(der adäquate Begriff)이다. 그곳에서는 객관성과 주관성은 같다. 달리 말하면, 정재(定在)는 개념 그 자체와 일치한다. 이념은 자신의 진정한 생명을 자기 안에 지니고 있다. 이념은 한편으로는 생명(Leben)이며, 한편으로는 인식(Erkennen)이고, 한편으로는 학문(Wissenschaft)이다.
>
> (같은 책, 290쪽)

이렇게 같이 놓고 보니, 헤겔이 말한 '이념'이란 아리스토텔레스 이후의 철학 속에서 '실체'로서 탐구되어 온 본질적 존재와 거의 같은 의미인 것 같습니다. 무엇보다도 실체에 대해서는 헤겔은 『대윤리학』에서 "실체는 절대자이며, 즉자적, 그리고 향자적으로 존재하는 현실적인 것이다"(『개역 대윤리학 〈하〉』, 다케우치 겐토 옮김, 이와나미문고, 1961, 7쪽)라고 합니다. 그곳에서는 수동적 실체와 능동적 실체의 상호 작용에 의해 실체가 완성되고, 더 고차원의 '개념'이자 '주관'이 되는 것, 더해서 그 추이는 필연성을 포함하고 있다고 가볍게 언급되고 있습니다(같은 책, 9-19쪽).

헤겔은 스피노자와 칸트의 문제를 모두 개념론으로 집약하면서, 거듭 "개념이 그것만으로는 아직 완전하지 않고, 이념으로까지 상승하지 않으면 안된다"(같은 책, 19쪽)라고 합니다.

> 이념이 개념과 실재성의 통일인 것이 되는 순간, 비로소 존재하는 진리의 의미를 획득한다. 즉 존재는 이제는 완전히 이념 그 자체다.
>
> (같은 책, 260쪽)

그렇게 어느새 이념은 존재 그 자체가 되어갑니다. 이 이념은 나아가 생명이기도 하며, 진정한 이념, 선의 이념, 마지막으로 자기동일적이며 실재성을 가진 순수한 '절대적 이념'이라고까지 논의가 진행됩니다. 하지만 돌고 돌아 결국 이것은 논의의 출발점이었던 '실체'(특히 스피노자의 그것)인 것이 아닌가 생각하게 되는데, 여기까지 오면 표현도 한층 더 화려해집니다. 즉, 이념이란 아래와 같습니다.

> **그것은 이성이자, (이것이 이성의 진정한 철학적 의미다), 나아가 주관과 객관이며, 관념적인 것과 실재적인 것, 유한한 것과 무한한 것, 영혼과 육체와의 통일이며, 그 현실성을 그 자신이 가지고 있는 가능성이고, 그 본성이 현존하는 것으로서만 이해될 수 있다, 등등. 왜냐하면, 이념 안에는 지성의 모든 것이, 무한의 자기복귀와 자기동일에 있어서지만, 포함되어 있기 때문이다.** (헤겔 지음, 『소윤리학 <하>』, 212쪽)

초역

이념이야말로 최고의 개념이자 실재다.

여기까지 왔다면 더 이상 두려울 게 없는 경지입니다.

『대윤리학』의 최종장인 「절대이념」에 다다르는 부분에서 어느새 논의는 최고조에 달합니다. 전전(戰前)의 도쿄대학 철학과는 모두 헤겔 일색이었다고, 당시 거기서 공부했던 은사님 중 한 명인 다테이시 다쓰히코 선생님이 말씀하셨는데, 헤겔의 이 부분에 대한 논의에는 확실히 사람을 매료시키는 무언가가 있습니다.

II. 철학 강의의 실황 중계

❖ 이성적인 것은 현실적이며, 현실적인 것은 이성적이다

헤겔의 윤리학을 이렇게 얼추 읽다 보면, 『법철학 강요』의 그 유명한 경구,

> **이성적인 것은 현실적이며, 현실적인 것은 이성적이다.**
> (헤겔 지음, 『법철학 강요』, 하세가와 히로시 옮김, 사쿠힌샤, 617쪽)

에 대해서도, 그 변증법적 대구 표현이 의도하는 바가 조금은 명확해질 것입니다. 바꾸어 말해, 헤겔에게는 이성이야말로 실체인 것입니다.

 헤겔이 말한 이성은 시기적으로 가까웠던 철학자인 칸트의 그것과는 성질이 상당히 다른데, 플라톤 이후의 서양 형이상학의 흐름이 최종 목적지까지 다다랐다는 느낌이 듭니다. "우리는 어디서 왔는가? 우리는 무엇인가? 우리는 어디로 가는가?"라는 서두에서 다루었던 고갱의 작품명이 제기하는 문제에 인간이 쓸 수 있는 모든 힘을 쏟아 구한 해답 중 하나가 바로 이성을 중심에 두었던 헤겔 철학입니다.

 헤겔은 흄과 칸트가 제기했던 이성의 한계를 논리의 힘으로 다시 한번 정면 돌파하고자 했고, 이에 성공한 듯이 보였습니다. 여기서의 이성은 이제는 신의 능력과 같은 힘을 갖추고 스스로 선 존재입니다. 이성을 둘러싸고 전개되었던 근대 철학은, 이성이 존재의 근거이자 법칙이며 생명 그 자체라는 헤겔 철학에서 정점을 찍었다고, 적어도 당시에는 그렇게 생각했습니다.

 오늘날 헤겔을 읽어보아도 새삼 다시 배우는 부분이 많은 까닭은 이성과

사물이 분리되기 어렵게 결합해 있는 이유를 인간의 주관이라는 측면에서 포착해 보여주기 때문입니다.

과학적 사고 안에서 사물을 객관적으로 파악하는 것에 몰두했던 인간의 이성은, 사물과 그 세계를 이성에 의해서 수동적·객관적으로 인식할 뿐만 아니라, 사실은 **인간의 의식이라는 측면에서 세계를 창조할 수 있는 힘**까지도 가지고 있습니다.

결국, 사람을 사람답게 하고 사회를 사회답게 하는 것, 또 역사를 역사답게 하는 것은 말입니다. 법도, 정치도, 사회제도도 그렇고, 말에는 이성 이외의 것도 포함되어 있어서, 종교의 기도 말도, 축하의 말도, 감사의 말도, 그리고 저주의 말도 우리의 세계를 만들어 왔고, 지금도 만들고 있습니다. 그리고 앞으로도 사람은 말로 새로운 세계를 만들 수 있습니다.

말이 세계를 구성하고 있는 점에는 더욱 주의를 기울여야 하며, 실제로 물리학에서 말하는 '인간 원리'는 우주를 인식하는 인간의 관점에서 우주를 설명합니다. 인간이 인식할 수 없는 한 우주는 존재할 수 없었다는 주장은, 물론 동어 반복이긴 하지만, 인간의 관점이 아니면 설명할 수 없는 현상이 존재하는 것도 분명합니다. 이런 점에서 철학자 중 인간 원리에 가장 가까운 입장을 표명했던 인물에, 지금까지 살펴본 중에서는 아마도 헤겔이 가장 가깝지 않을까 생각합니다.

헤겔이 말한 이성은 성경에 있어서는 아마도 요한복음 서두의 "태초에 말씀이 계시니라, 이 말씀이 하나님과 함께 계셨으니, 이 말씀은 곧 하나님이시니라"(요한복음 1장 1절)의 '말씀'에 가까운 것이지만, 원래 기독교가 그랬던 것처럼, 이는 인간의 창조성 해방을 앞당깁니다. 헤겔의 철학은 **인간의 관점에서 말을 통해 세계를 더욱 좋게 만들어 가고자** 한 희망과 창조의 철학이라고 읽을 수 있습니다.

❋ 깊은 **신앙에도** 불구하고

이성 중심주의가 성공한 것처럼 보이는 가장 큰 이유는, 이성을 뒤에서 지탱하고 있는 신앙의 힘에 의한 부분이 크기 때문일 것입니다. 칸트도 그랬지만, 헤겔 본인도 신실한 기독교 신자였던 만큼, 더욱 이성을 중심으로 철학을 정립하고자 했던 순간에도 본인도 너무 당연해서 알아채지 못 할 정도로 신의 힘을 자신의 후원자로 삼았습니다.

데카르트 이후, 근대 철학은 무신론자로 세간에서 비난받고, 말살 당할 뻔한 상황에 놓인 적도 있지만, 그중에서도 신의 존재를 부정하는 등의 생각은 감히 하지 못 하는 신앙심 깊은 철학자들에 의해서(흄은 예외일지도 모르겠네요) 문제가 이어져 왔습니다.

그리고 칸트의 논의를 거쳤던 헤겔이 이성을 거의 신의 힘과 같은 것으로 자립시킴으로써 철학은 근대 합리주의에서 하나의 정점에 다다르게 되었습니다. 하지만 이성 중심주의를 만들었던 장본인들이 열렬한 기독교 신자였다는 배경은 알아둘 필요가 있습니다.

체계적이고 합리주의적인 사고의 배후에 신을 향한 신앙이 있다는 점은 과학에서도 마찬가지입니다. 그러나 시대가 바뀌고, 사회 전체가 서서히 신앙에서 멀어져감에 따라 합리주의는 커다란 전환점에 당도합니다. **신 없이 성립한다고 생각되었던 근대 합리주의와 이성에 대한 신뢰는 아이러니하게도 신의 존재를 믿을 수 없는 사회가 되어가며 점차 무너져 내리기 시작했습니다.**

헤겔의 철학 체계에서 일체의 개념으로 설명할 수 있었던 이성과 세계도 19세기 말부터 20세기에 접어들면, 그 결속력을 잃고 인과관계의 필연성조차 그 밑바닥부터 의심스러운 것이 됩니다. "내일 태양은 뜨지 않는다"일지 모른다고 하는 흄의 문제는 역시 여기에 이르러서도 충분히 해결되지 않았습니다.

하지만 헤겔의 사상을 비판하고자 하면, 근대 합리주의와 그 배후에 있는 기독교, 혹은 서양 형이상학 전통의 무언가, 혹은 그 모든 것을 적으로 돌리게 됩니다. 니체나 키르케고르, 그리고 마르크스의 공통점은 '불안'입니다. 그리고 그 '불안'이 이른바 현대 철학·현대 사상의 기조가 됩니다. 일찍이 '정', '반', '합'이라고 대학 강의실에서 학생들에게 외치게 했다고 하는 헤겔 사상의 낙관성은 헤겔 이후 사상가들에게서는 볼 수 없습니다.

니체도, 키르케고르도, 마르크스도 그 사상 내용은 제각각 다르지만, 그것은 본래의 연결을 잃은 세계를 어떻게든 구제하려는, 구약성경의 예언자 같은 태도를 보인다는 점이 공통됩니다.

II. 철학 강의의 실황 중계

제13강

니체

니체
[1844-1900]

현대 사상의 원형

❋ 헤겔 이후

헤겔 이후의 철학·사상은 앞장의 마지막에 등장한 키르케고르(1813-1855)나 니체(1844-1900), 마르크스(1818-1883)와 같은 헤겔 철학(그리고 그때까지의 서양 형이상학)에 대한 반발이라는 형태로 발전합니다. 여기에 다윈의 진화론, 그리고 조금 뒤에 나오는 프로이트(1856-1939) 심리학의 영향이 더해지면, 현대 사상의 원류는 거의 다 나왔습니다.

  헤겔 철학은 앞에서 보셨다시피 이성에 만물의 형이상학적 요소를 맡기고, 이성을 상당히 독특한 형태로 세계의 중심에 두었습니다. 그 때문에 헤겔 철학은, 예를 들어 키르케고르 같은 사람에게는 밑바탕부터 신을 모독하는 반기독교적인 사상 체계로, 니체와 같은 사람에게는 서양 철학의 전통 위에 구축된 기독교적 형이상학의 화신처럼 보였습니다. 또한 마르크스는 헤겔의 변증법 논리는 둘째 치고, 그 논리 체계의 근본이 비과학적인 관념으로 성립된다고 해 애초에 전제부터 틀렸다고 보았습니다.

데카르트 이후의 근대 합리주의는 근대 과학기술을 탄생시켰고, 과학기술은 헤겔 철학의 영향 때문이라기보다는 자의적으로 발전해 산업혁명을 일으키고 세계를 크게 변화시켰습니다. 하지만 후대의 사상가가 근대 합리주의를 비판할 때는 근대 형이상학의 완성자인 헤겔도 포함해서 눈엣가시로 여겼습니다.

20세기에 들어서자, 이성 중심주의가 놓쳤던 주제에 대한 문제가 제기되기 시작했습니다. 그 주제들이란 언어, 신체, 무의식 등입니다. 그리고 그렇게 20세기 후반의 구조주의~포스트모더니즘이 탄생하는 조건이 갖추어집니다.

다수의 희생자가 생겨났던 두 번의 세계대전과 자연환경 파괴는, 인류가 이성으로 통제할 수 없는 잔학함과 어리석음을 만천하에 드러낸 사건입니다. 이런 시대 상황과 맞물려, 니체의 니힐리즘도 19세기 당시보다는 20세기 이후에 많은 사람의 공감을 끌어내기가 쉬웠을 것입니다. 실제로 프랑스의 포스트모더니즘 사상가들은 특히 니체의 사상과 잘 맞았습니다.

❋ 신은 죽었다

이러한 연유로, 이번 장에서는 니체가 실제로 어떤 주장을 했는지 살펴보도록 하겠습니다.

니체는 "신은 죽었다"라는 경구로 유명한데, 이것은 『차라투스트라는 이렇게 말했다』에 등장하는 문장입니다.

> 들어라, 나는 당신들에게 초인을 알려주겠다.
>
> 초인은 대지의 뜻이다. 당신들은 의지의 말로 이렇게 말해야 한다. 초인이 대지의 뜻이 되어야 한다고.
>
> 형제들이여, 나는 당신들에게 간절히 원한다, 대지에 충실하라고. 당신들은 천상의 희망을 설파하는 사람들을 믿어서는 안 된다. 그들이야말로 독을 만드는 사람들이다, 그들이 그것을 알고 있든 모르고 있든.
>
> 그들이야말로 생명을 모독하는 자로 사멸해 가고 있으며, 스스로 시체의 독을 받고 있는 자다. 대지는 이 같은 사람에게 지쳤다. 쇠퇴해 가는 그들을 쇠퇴하게 두는 것이 좋다.
>
> 한때는 신을 모독하는 것이 최대의 모독이었다. 하지만 신은 죽었다. 그리고 신과 함께 그 모독자들도 죽었다. 오늘날에는 대지를 모독하는 것이 가장 심한 모독이다. 그리고 탐구할 수 없는 것의 오장육부를, 대지의 뜻을 숭상하는 것 이상으로 숭상하는 것이.
>
> 한때는 영혼이 육체를 멸시의 눈으로 봤다. 그리고 당시는 이 멸시가 최고의 사상이었다. 영혼은 육체가 말라가고, 쇠약하며, 기아의 상태이길 바란다. 이렇게 영혼은 육체와 대지의 지배에서 벗어날 수 있다고 믿었던 것이다.
>
> (니체 지음, 『차라투스트라는 이렇게 말했다』, 데즈카 도미오 옮김, 주코문고, 17쪽)

> **초역**
> 신은 죽었다. 앞으로는 천상이 아니라 대지의, 영혼이 아니라 육체의 사상이 다시 살아난다.

🌿 대지와 육체

니체가 '하늘에 계신 우리의 신'의 반대편에 둔 것이 이 대지의 초인입니다. 초인 또한 당연하게도 사람을 초월한 존재입니다(니체 저서의 영문판을 보면 Superman이라고 쓰여 있어서, 미국식 영웅 이미지가 떠오르네요)만, 이는 예수를 대신해 와야만 하는 이상적인 인간성입니다. 영혼이 육체를 경멸하는 눈으로 보는 것은 아마도 '영육이원론'을 설파했던 사도 바울의 영향일 것입니다.

니체는 고대 그리스 이후의 이원론적 사상과, 그에 의해서 보강된 성경적 세계관을 본래의 인간성을 억압하는 제도로 보았습니다. 그리고 그것을 지적하고는 모두 뒤엎고자 했습니다. 니체가 적이라고 인정한 것은 하늘, 플라톤, 예수 그리스도, 그리고 가까운 곳에서는 칸트였습니다.

그리고 무엇을 이상으로 삼고 있느냐면 대지에 사는, 억압받지 않는 순수하고 환희로 가득 찬 육체입니다.

> **나의 형제들이여, 오히려 건강한 육체의 소리를 들어라. 이것은, 더 성실하고, 더 순결한 소리다. 건강한 육체, 완전한, 일그러지지 않은 육체는, 더 성실하고, 더 순결하게 말한다. 그리고 그것은 대지의 뜻에 대해서 말한다.**
> (같은 책, 49쪽)

걱정될 정도로 순수하게 생명 예찬만 늘어놓는데, 이는 신이 부재한 세계에서 확고한 가치관을 잃은 사람들에게 더할 나위 없는 복음이 되었습니다. 이것이 바로 니체의 니힐리즘, 즉 허무주의라고 불리는 사상입니다. 다만 성경적 세계관을 부정하려고 한 나머지, 성경의 문체가 옮겨 와버렸습니다.

구체적으로, 니체 본인의 문장이 구약성경에 있는 이사야나 예레미야 같은 예언자의 말투에 가깝습니다. 그리고 이야기의 구성에서도 17세기 청교도 문학가인 번연의 『천로역정』을 방불케 하는 부분이 있습니다. 요컨대 『차라투스트라는 이렇게 말했다』는 문학이기도 합니다. 실제로 독일어 원어민 또는 원어민만큼 읽을 수 있는 사람에게 듣기로는, 니체의 문장은 시적이고 운율이 살아 있는 아름다운 문장이라고 합니다(저는 아름다움을 판별할 만한 독일어 독해력이 없기 때문에, 여기서는 다른 사람의 말을 빌려 전합니다). 그런 의미에서 니체의 문장은 예언서뿐만 아니라 「시편」에 가까울지도 모르겠네요.

다시 본론으로 돌아가서, 니체의 문장은 아직도 전 세계의 독자들을 사로잡고 있습니다. 전통적인 서양적 가치관과 그 표현의 지향점 중 하나인 서양 형이상학을 무거운 짐처럼 느끼는 사람에게, 과거의 유산을 기세 좋게 단칼에 잘라내고는 결국에는 근심 걱정 없이 명랑하게 살아가자고 말해 줍니다. 인생을 헤매는 젊은이들에게 니체의 저작이 길잡이가 되었다 해도 이상하지 않습니다.

🌟 명명의 힘과 제도 비판

이제부터 니체가 서양 형이상학의 이원론적 전통과 기독교적 세계관을 부정하는, 독특한 논리에 주목하고자 합니다. 그것은 사람이 높은 가치를 가진 어떤 것에 이름을 부여함으로써, 그 이외의 가치가 높지 않은 것을 포함했던 세계 전체를 그 본능적인 성질도 포함해 지배한다는 메커니즘입니다. 이것을 니체는 '고귀함과 거리의 파토스'라고 불렀습니다.

> 이 고귀함과 거리의 파토스는 이미 지적했다시피 낮은 유형, '하위의 자들'을 지배하는 고위 유형의 자들이 느끼는 지속적이고 지배적인 감정이며, 전체적이며 근본적인 감정이다—그것이야말로 '좋다'와 '나쁘다'라는 대립의 기원이다(이름을 부여한다는 주인의 권리는 지극히 넓은 범위에 미치는 것이기 때문에, 말의 기원 그 자체도 지배하는 자에 의한 힘의 표현이라고 보는 것이 가능하다. 지배하는 자는 "이것은 이러한 이름이다"라고 한다. 그리고 모든 사물과 사건을 그것에 명명했던 말이 봉인하고, 동시에 그것을 소유한다).
> (니체 지음, 『도덕의 계보학』, 나카야마 겐 옮김, 고분샤고전신역문고, 36쪽)

초역
이름 붙이는 것은 지배하는 것이다.

무언가를 명명한다는 것은 무언가를 개념화한다는 의미이기도 하기 때문에, 이 행위 자체는 개념이 현실을 만들어낸다는 헤겔의 생각에 가깝습니다. 그러니 니체는 개념화하는 이성의 작용 속에서 폭력=권력을 발견합니다. 헤겔의 변증법에서는 개념이 이념으로 성장해 가며 세계는 밝은 방향으로 나아갑니다. 그러나 니체는 이성이 지배하는 사회가 어둡게 무너져 내린 모습을 예상합니다. **니체는 이성이란 '무언가를 명명하고 개념화하는 것이 억압적인 선악 이원론을 낳았으며, 사람을 배제하면서 지배하는 구조로 되어 가'는 것이라고 강하게 의식하고 있습니다.** 니체에게는 변증법의 숨겨진 얼굴이라고 할까, 그 악마적인 측면이 보였던 것 같습니다.

> **귀족적인 가치 판단이 몰락했을 때가 되어서야 비로소 '이기적임'과 '이기적이지 않음'이라는 대립이 인간의 양심을 점점 더 무겁게 짓누르게 되었다. ―나의 표현으로 말하자면, 이 같은 대립을 표현하게 된 것은(즉, 말로서 이야기할 수 있게 된 것은), 가축 무리의 본능 때문이다. 그리고 그 후 오랜 세월을 거쳐, 이 무리의 본능이 주인이 되고, 도덕적인 가치의 평가가 이 대립 아래서 행해지게 되어, 여기서부터 멀어질 수 없게 되었다.**
>
> (같은 책, 37쪽)

초역

한쪽을 높이 평가하면서 다른 한쪽을 폄하하는 것이 습성이 되면, 그것은 저주로 변한다.

변증법에 국한된 이야기가 아니지만, **이원론적인 사고는 무언가를 치켜세우는 한편, 그 대극에 적을 만들어냅니다.** 이 사고법은 알기 쉬운 데다가 설득력이 강하기 때문에, 권력에 친화적이며, 무엇보다 인간의 폭력성을 해방하는 데에 작용합니다. 간단히 말해, 테러리즘을 유발합니다. 물론 니체를 읽는 사람은 대부분은, 지배되는 쪽에 서서, 적의 권력 지배에 대항하고자 합니다. 권력에 맞서는 지식인이란 태도는 자신의 권력 의식과 폭력성을 정당화할 수 있기 때문에, 저항하기 어려운 매력이 있습니다. 하지만 이러한 영웅들은 전통적 이원론의 덫에 걸려 스스로 생각하는 태도를 놓아버리고 맙니다.

아이돌 니체

제가 철학이나 사상 관련 책을 읽기 시작한 무렵은, 푸코, 데리다, 들뢰즈 등이 유행했기에, 저도 사상서 입문은 이러한 사상가들에게 기댔습니다. 그들은 니체의 이 논리의 틀을 공통 이해로 삼고, 서양 형이상학 비판이라든지 제도 비판에 힘썼습니다. 오늘날의 억압적 제도에 매어져 시장 사회에서 소비되어 버리지 않을 것 같은 전략 중 하나로, 그들은 쓸데없이 난해한 문체가 아니면 모호하고 경쾌한 문체를 구사해서 독자를 현혹했습니다. 그러나 문제 설정 자체는 통째로 니체의 것을 빌려왔습니다. 게다가 이 부분에서는 니체의 문제를 학문적으로 탐구했던 독일의 아도르노와 호르크하이머의 성실함과는 좋은 대조를 이루고 있습니다.

이때 그들이 니체와는 다르게 일부러 난해한 문장을 쓴 일에 대해서는 뒤에서 더 다루겠지만, 일단 그 이유가 프랑스의 독자가 그런 문장을 요구했기 때문입니다. 무엇보다도 제가 그런 부분을 알아채게 된 것은 프랑스어까지 공부해서 어느 정도 읽을 수 있게 되고 나서입니다. 그런데 지금도 당시를 다시 떠올리면, 약간의 허탈함을 느끼기도 합니다.

당시 도쿄대학의 학생이었던 지인 S군은 학부생이지만 동서고금의 철학서를 원서로 숙독하는 다독가였는데, 일찍부터 이런 부분을 알고 있어서, 철학에서 재밌는 인물은 니체뿐이고 프랑스의 포스트모더니스트들이 하는 말도 니체 아니면 인도 철학으로 이미 누군가 주장한 것 같은 내용뿐이라고 했더랬지요. 지금은 그 친구와 연락이 끊겼는데, 어떻게 지내고 있을지 문득 궁금해지네요. 적어도 프랑스 철학 전문가는 되지 않았을 것 같습니다. 하여간 당시부터 저는 교수님이나 친구들 덕분에 철학·사상서를 읽는 법에 대해 다양하게 배울 수 있었습니다. 참 감사한 일이지요.

❋ 문학적인 **철학**

그렇다 하더라도 어딘가 기합이 잔뜩 들어간 난해한 언변으로 심오한 사상이 있는 것처럼 꾸며낸 글은 그만 썼으면 합니다. 하지만 언어에는 단순한 논리뿐만 아니라 문학적·음악적 요소도 있으므로, 그 점에서 독자를 매료하는 저작자가 있는 것 또한 분명합니다. 20세기 사상가는 포스트모던 사상가에 국한되지 않고 시인이나 작가로서 문체로도 승부를 보려는 사람이 적지 않았기 때문에, 일류와 그렇지 않은 사람을 구별하기 어려워졌습니다.

　사상가가 일류인지 아닌지를 구별하는 작업은 좋아하는 음악가를 찾는 과정과 비슷한 면이 있습니다. 음악가라고 해도 작곡가와 연주가, 그리고 가수 등, 각자 음악에 접근하는 방식이 다릅니다. 그리고 싱어송라이터 같은 존재도 있어서 청중인 우리는 자신의 음악에 대한 감동 포인트를 제대로 알고 있을 필요가 있습니다. 요컨대 좋은 음악인지 아닌지만이 판단의 기준이 됩니다.

그리고 실제로 20세기 이후의 문학가로서의 재능을 겸비했던 철학가가 쓴 작품 중에는 내용은 차치하더라도, 매력적인 글솜씨로 독자의 마음을 사로잡은 것도 많습니다. 음악으로 치면, 다양한 장르의 다양한 음악가 제각각 매력을 뿜내듯이, 철학에서도 우선은 문학 작품을 통해 독자를 얻는 경우가 많이 등장합니다. 니체는 이런 점에서 문학으로서의 철학·사상서 형태에 커다란 영향을 끼치고 있습니다.

철학이라고 해서 반드시 아리스토텔레스나 스콜라 철학의 전통적인 스타일을 고수할 필요는 없습니다. 그리고 사물의 본질을 생각하기만 하면 어떤 형식으로 이야기해도 전혀 상관없지요. 저도 철학서를 읽기 시작했을 무렵에는, 철학사 연대순으로 플라톤부터 대표적인 고전뿐만 아니라 20세기의 다양한 사상가의 저작도 닥치는 대로 읽었습니다.

그렇게 하면 실은 현대 철학·사상의 책뿐만 아니라 현대의 소설이나 문학 평론 중에서도 깊은 고찰이 담긴 책이 산처럼 많다는 사실을 알 수 있습니다. 그리고 실제로 적어도 읽을거리로서의 재미라는 측면에서는 고전을 능가하는 저작도 종종 보입니다. 물론 그러한 저작자들도 고전 철학·사상의 영향을 받아 자신의 사유를 펼치는 것인데, 현대 사상과의 첫 만남은 이후의 고전을 읽는 방식이나 철학사를 보는 방식에도 커다란 영향을 미칩니다.

이 책의 서두에서도 말했다시피, 제가 감명을 받은 저작의 현대 사상가나 삭가를 될 수 있는 한 시간순으로 생각나는 범위에서 꼽아보지면, O.S.위츠

프(O. S. Wauchope), 후카세 모토히로(深瀨基寬), 후쿠다 쓰네아리(福田恆存), D.H.로런스, 사카다 도쿠오(坂田德男), 프란시스 쉐퍼, 베르댜예프, 도스토옙스키, 피카르트, 오르테가(José Ortega y Gasset), G.K.체스터튼, C.S.루이스, 우치무라 간조, T.E.흄, 베르그송, 알랭(Émile-Auguste Chartier), 시몬 베유 등을 들 수 있습니다. 고전적인 철학 명저에 대해서도 이 저작가들의 읽기 방식에 영향을 받고서는 몇 번이고 원전으로 되돌아갔고, 서양 철학에 대한 제 나름의 시각을 굳혀갔습니다.

그런데 제가 꼽은 저자 중에 니체의 이름은 들어가 있지 않습니다. 오히려 니체가 적대했던 쪽인 기독교 사상가가 적지 않게 포함되어 있습니다. 젊었을 적에 저는 니체가 적으로 간주하는 상대의 사상을 먼저 알 필요가 있다고 생각하기도 했고, 니체가 말한 것은 반만 귀를 기울이면서 니체 이전 선철의 사상을 이해하는 데에 힘썼습니다. 그리고 이렇게 철학사를 한 바퀴 돌고 나서 겨우 니체의 사상적 의의를 알 수 있었습니다. 하지만 『도덕의 계보학』이나 『선악의 피안』 등의 혈기 넘치는 언변에 열을 올릴 시기를 지나버렸기 때문에, 제 애독서 목록에 니체의 저서는 들어가지 않게 되었습니다.

물론 이것은 제 감각이 남들과 조금 다른 탓입니다. 니체의 사상이 후대의 철학자·사상가들에게 엄청난 영향을 끼치고 있다는 점은 앞에서 말한 대로입니다. 요즘 세상의 대부분은 니체의 서양 형이상학과 기독교 사상 비판을 기준으로 두고 사고하고 있는 것 같기도 합니다.

제14강

하이데거

하이데거
[1889-1976]

신이 부재한 존재론

🌿 현존재

이런 연유로, 사람들이 지금 여기에 있는 불안이나 괴로움에 대해 철학이 한 줄기 빛이 되어 줄 것이라고 기대하며 일종의 고상한 문학 작품으로서 철학을 받아들이는 경향은, 앞장에서 살펴봤던 니체 이후에 두드러지게 나타납니다. 이번 장에서 함께 볼 마르틴 하이데거(1889-1976)의 철학에도 니체의 사상이 커다란 영향을 미치고 있습니다.

하이데거라고 하면, 20세기를 대표하는 철학자로 가장 먼저 자주 언급됩니다. 하이데거는 저서 『존재와 시간』에서 '존재'란 무엇인가라는 문제에 대해 아리스토텔레스 이후의 선동적인 서양 형이상학의 논의를 다루어가면서,

면밀한 이론적 고찰을 전개해 갑니다. 게다가 심오한 사상이 포함되어 있을 것이라고 기대를 갖게 할 만한 충분한 신비성을 갖추고 있어서, 당시의 많은 젊은이를 매료시킬 만한 매력이 넘쳤다는 사실은 부정할 수 없습니다.

그렇다면, 『존재와 시간』의 한 구절을 살펴보겠습니다.

> 무언가를 바라보고, 무언가를 이해해 개념적으로 표명하고, 무언가를 골라 그것에 다가간다는 것은 질문한다는 것을 구성하는 작용이기 때문에, 그것들 자체, 어떤 특정한 존재자―바꾸어 말해, 묻는 자로서 우리 한 사람 한 사람이 스스로 그것인 부분의 존재자―의 존재 양태다. 그렇다면, 여기에서 요구되는 방법으로 존재 문제를 개발하기 위해서는 어떤 존재자―질문하고 있는 존재자―를 그것의 존재 안에서 투명하게 해야 하는 것이다. 그러므로, 이 질문을 한다는 것은, 이 작용이 어떤 존재자의 존재 양태이기 때문이라서, 그 자체, 이 질문에서 질문받고 있는 그것―즉, 존재―의 측면에서 본질적으로 규정되어 있기 때문이다. 우리 자신이 각자 그것이며, 그리고 묻는다는 것을 자기의 존재 가능성 하나로서 갖추고 있는 이 존재자를, 우리는 술어적으로 현존재(Dasein)라는 명칭으로 표현하기로 한다. 존재의 의미를 찾는 분명하고 투명한 문제 설정은, 이렇게 어떤 존재자(즉, 현존재)를 그것의 존재에 대해서 우선 적절하게 밝혀 둘 것을 요구하는 것이다.
>
> (하이데거 지음, 『존재와 시간 <상>』, 호소야 사다오 옮김, 지쿠마학예문고, 38-39쪽)

초역

내가 무언가를 물을 때 '내가 존재한다'라는 것이 전제되어 있어서, 그 시점에서 묻는다는 것은 항상 '나'라는 것의 제약을 받고 있다. 그래서 '나'라는 주어가 아니라, '존재한다'라는 술어에 주목해서, 그것을 '현존재'로서 생각하고 싶다.

'존재'라는 무언가를 묻는 것은 지금까지 봐왔듯이 고대 그리스 철인들부터 끊임없이 계승되어 온 형이상학의 근본 문제로, 아리스토텔레스 이후, 실체란 개념을 사용해서 고찰되어 왔습니다. 하이데거 또한 다시 한번 이 문제에 정면으로 맞붙었는데, 선철과 같은 용어를 사용해도 같은 논리를 그저 그렇게 모방하는 것이 될 수 있으므로 독특한 개념을 만들었습니다. 그것이 여기서 정의된 '현존재'입니다.

술어로서의 '존재하다'

본질을 포함한 존재=실체라고 정해 버리면 어떤 의미에서는 간단한 일입니다. 하지만 그 실체를 근본에서부터 생각하려는 때는, 무언가가 '존재한다'라는 그 '무언가'에 대해,

① '무언가'가 그 질문의 주어로서 물을 경우와
② '존재한다'라는 것은 어떤 것인지를 묻는 경우
③ 나아가 ①과 ②에 대해 '존재한다'라고 서술하고 있는 그 '존재한다'라는 술어로서의 말 자체를 각각 문제로 삼는 경우로 나눌 수 있다.

하이데거는 ③을 일단 '거기에 존재하는 것'이라는 독일어 동사를 명사화한 Dasein을 활용해서 생각하고자 했습니다. 이것이 '현존재'인데, '존재한다'라 해도 무방합니다.

우리가 사고의 도구로써 사용하고 있는 언어의 형태를 포함해, 근본부터 사물을 생각하려고 할 때에도 무인가 우선 '존재한다'라는 것은 남는 것처럼

보입니다. 17세기에 데카르트가 "나는 생각한다. 따라서 나는 존재한다"라는 명제에서 '나'와 '생각한다'는 것을 제거해 버리면, 무언가가 '존재한다'라는 술어만이 남습니다. 이 '존재한다'를 하이데거는 현존재라고 부른 것입니다.

> 현존재가 그 일상성에서 행하는 배시적(配視的)인 개리(開離)가 '진실의 세계'의—즉, 현존재가 실재하는 것으로서 언제나 이미 그 아래 있는 존재자의—자체 존재를 발견하는 것이다. (같은 책 <상>, 237쪽)

초역

'존재한다'라는 것에서 '존재한다'가 '나'와 함께 성립하는 진실의 세계가 존재함을 안다.

'현존재', '배시적', '개리'라는 익숙하지 않은 말이 갑자기 나열되는데, 하이데거는 독일어의 자유롭게 조어할 수 있는 성질을 십분 활용해 논리를 전개하기 때문입니다. 그래서 그것이 하이데거가 의도한 대로의 효과를 올리고 있는가와는 별개로, 그 독일어를 일본어로 번역하려고 하면, 한자어를 늘어놓은 경문과 같은 표현이 되고 맙니다. 다시 말해, 이것은 제가 누군가가 '존재한다'라는 것을 '존재한다'라는 말을 써서 대상으로서 인지하고자 할 때의 상황을 독일어 혹은 그리스어 유래의 어원을 구사해서 설명하려 한 데다, 그 말을 한자어로 사용해 번역했던 결과입니다.

그렇게 고심해서 다다른 '현존재'는 '나 자신이 아닐지도 모른다'라는 전개를 보여줍니다.

> 내가 현존재라는 언명…… 이 언명의 존재적인 실질이 과연 일상적 현존재의 현상적 실체를 적절하게 반영하고 있는지 어떤지라는 것조차 실은 의심스럽다. 어쩌면 일상적 현존재의 '주체'는 오히려 나 자신이 아닐지도 모르는 것이다. (같은 책 <상>, 253쪽)

이 '내가 현존재다'라는 것은 보통 '내가 존재한다'라고 이해하기 쉬운데, 실은 의심스럽다고 하이데거는 말합니다. 무슨 말이냐면, 애초에 '현존재'는 '존재한다'라는 것이고, '나'는 '현존재'였기 때문에, 둘은 같지 않습니다. '존재한다'는 '존재한다', '나'는 '나'로서 개별적으로 성립됩니다. '나는 현존재다'라고 해도 존재자와 현존재가 각각 독립적으로 성립하고 있을 뿐으로, 둘 사이의 연결은 확실하지 않습니다. 그러므로,

> 증시해야만 하는 것은 한결같이 존재자 그 자체가 발견된 것, 그 피발견태의 존재 양상에서의 존재 그 자체…… 즉, 존재자 그 자체가 자동적(自同的)인 것으로서 그 자신을 나타낸다는 것에서다. 검증이란 존재자가 자동성(自同的)에 있어서 그 자신을 나타내는 것이다. (같은 책 <상>, 453쪽)

여기서 존재자를 '나'로 치환하면,

초역

증명되어야만 하는 것은 '내가 나인' 것이다.

가 됩니다.

"존재자가 자동성에 있어서 그 자신을 나타낸다"라는 것은 결과적으로는 동일률 'A는 A다'와 같은 것이라고 생각해도 좋을 것입니다. 동일률은 헤겔 시대 이전에 등장했던 전통적 형식논리의 구성요소 중 하나입니다. 이것이 없으면 형식논리는 성립할 수 없습니다(게다가 변증법 논리는 헤겔의 장에서 말했다시피 그 전제 자체가 움직여 버리지요). 그러나 현대적인 문제를 여러 가지로 짊어진 결과, '존재한다'가 객관적으로 존재하는 것을 말하려고 하면 돌고 돌아 이러한 표현이 됩니다.

❖ 현대인의 불안

'A는 A다'의 A에 '나'를 대입하면, 결국 나는 무엇인가, 어떤 존재인가라는 문제가 됩니다. 이 문제 자체는 철학의 시작부터 존재한 기본적인 문제입니다. 오래전부터 계속 질문되어 왔고 간단하게 답이 나오지 않는 문제를 다시 한 번 계승해서, 계속 질문하고 있는 하이데거의 철학적 자세는 실은, 전통적이고 고전적인 철학의 그것입니다. 다만, **이 독특한 조어와 문체 속에 현대인의 '불안'이라고 해야 하는 것이 기저에 흐르고 있는** 부분이, 하이데거 문장의 매력 포인트입니다. 더 이상 헤겔처럼 신에게 보호받았다는 실감이 공유되던 시대가 아닙니다. 오히려 반헤겔의 흐름에서 등장한 키르케고르나 니체, 또는 당시의 도스토옙스키의 사상과 공명하는, 신에게 버려진 인간의 불안과 걱정이 영향력을 갖는 시대가 도래한 것입니다.

앞의 인용처럼 현존재는 나 자신이 아니라 '존재한다'라는 것으로, 존재자인 '나'는 존재다, 즉 '나는 나다'라는 것이 증명되어야만 하기 때문에, '나'의 존재는 당연하게 안정된 것이 아니게 됩니다. 불안을 느끼는 현존재가 자신이 처한 상황에 대해서 다시 한번 느끼는 불안에 대해 하이데거는 이렇게 말합니다.

> **불안이 그것에 당면해 불안을 느끼는 바는 세계=내=존재 그 자체인 것이다.** 불안이 그것에 당면해 불안이 되는 바는 두려움이 그것에 당면해 두려움을 품는 바와 현상적으로 어떠한 것이 되고 있는 것일까? 불안이 마주하고 있는 바는 어떠한 내세계적 존재자도 아니다. 그때 이와 같은 존재자에게는 본질상 어떤 취향도 없어지는 까닭은 이 때문이다. 불안에 포함된 위협은 위협받은 자에게 무언가 특정한 사실적 존재 가능에 관해서 덮쳐지는 것 같은, 특정한 유해성을 가지고 있지 않다. 불안의 '대상'은 완전히 무규정하다. 그것이 무규정하기 위해서 세계 내부의 어떤 존재로부터 위험이 다가오는지를 사실상 결정할 수 없을 뿐 아니라, 애초에 이 같은 존재자는 '문제가 되지 않게' 된다.
>
> (같은 책 <상>, 392-393쪽)

> **초역**
>
> 이 세계에 내가 존재한다는 것 자체가 무엇으로도 규정되지 않은, 불안 그 자체다.

다시 말해, 불안에 고통받을 장본인이 불안을 느끼는 신경까지 속이고 문제의 심각함을 깨닫지 못 할 정도로 무감각하게 되어, 불안의 원인도 존재하지 않는 것이 되어 버린 것입니다. 그 정도로 인간이 망가진 상태라는 것이 이 현대의 상황이라고 생각하는 듯합니다. 다만, 이 불안을 단순히 해소시키려 하지 않고, 또한 정서적으로 말을 없는 것도 아니고, 일단 그 불안을 인정하고, 그다음에 멈추어 서서 사유하고자 하는 부분이 저작자로서의 하이데거가 사람을 사로잡는 부분일지도 모르겠네요.

> 불안을 느끼는 것이 근원적으로, 그리고 단적으로 세계를 세계로서 개시한다. 먼저 반성적 고찰에 의해서 내세계적 존재자를 도외시하고, 그 다음에 남겨진 세계만을 고찰해 보면, 그것을 앞에 두고 불안이 발생하는 것 같은 순서는 아니다. 불안이야말로 심경의 양태로서 비로소 세계로서의 세계를 개시하는 것이다. 하지만 이것은 불안 속에서 세계의 세계성이 이해된다는 의미는 아니다.
>
> (같은 책 <상>, 395쪽)

초역
불안을 출발점으로 삼음으로써 세계의 소박한 모습이 드러난다. 세계의 본질에 대한 이해는 그 앞에 있다.

우선 사람이 '불안' 위에 존재한다는 것을 인간 존재의 조건으로 인정한 뒤, 저자 하이데거의 논의의 전개와 '세계의 세계성'이라는 독특한 표현으로 유도하는 듯한 문장입니다. 이래서는 그의 문장에 중독된 사람이 나온다고 해도 이상하지 않겠네요. 아무래도 뒤이어 대단한 것이 쓰여 있을 것 같은 기대를 갖게 하기 때문입니다.

하지만 이 『존재와 시간』은 존재와 시간이라는 주제의 존재 부분만은 어떻게든 형태를 이루고 있지만, 최종적으로 미완으로 끝납니다. 여기까지 끌고 와서는 하이데거 본인이 완성을 방기한 것입니다. 그러나 거기까지 읽다 보면, 어떻게 할 거냐고 불만을 말하는 사람은 별로 없습니다. 이미 하이데거 문체에 중독되었다면, 미완의 글이라도 반복해서 읽어가며 새로운 발견을 할 수 있을지도 모르기 때문입니다.

❋ 제작된 어떤 것

이후의 내용은 『존재와 시간』이 출판되고 머지않아 열렸던 강의가 기초가 된 『현상학의 근본문제들』(기다 겐 감역, 히라타 히로유키·사코다 겐이치 역, 사쿠힌사)에서 전개됩니다. 해당 책은 강의록이라서 『존재와 시간』보다 읽기 쉬운 형태로 되어 있으니, 흥미가 있는 사람은 책을 펼쳐 보시길 바랍니다. 다만, 여기에서는 왜인지 선철로부터 계승한 '불안'의 요소가 희미해져 있습니다. 그 대신은 아니겠지만, 아리스토텔레스부터 토마스 아퀴나스나 둔스 스코투스의 모든 설을 검토하는 과정을 거쳐, 직접적으로 칸트의 문제를 이어받는 형태로, 존재라는 것이 '제작되었다'라는 본질을 갖추고 있다는 중요한 지적을 하고 있습니다.

> 어느 존재자의 존재를 진정으로 지각하려면, 이 존재자의 창조자여야 한다는 것입니다. 바꾸어 말하면, 어떤 존재자의 존재와의 첫 관계는 무

> 언가를 제작하는 작용 안에서만 이루어진다는 것입니다. 그리고 이 안에 함의된 것은, 어떤 존재자가 존재하고 있다는 것은, 바로 '제작되었다'라는 의미입니다.
> (하이데거 지음, 『현상학의 근본문제들』, 249쪽)

제작된 존재에는 제작 이전에 존재했던 제작자의 의도가 있을 것이고, 또한 제작된 존재는 이 세계에서는 유한하기 때문에, 언젠가는 스러질 존재이기도 합니다. 제작이라는 개념은 하이데거가 오랫동안 품어 온 현안이었던 '시간'에 대한 중요한 단서가 포함되어 있을 수 있습니다. 이런 기대를 하게 되는데, 이 강의록도 결론에 다다르기 전에 중단되었습니다. 이후의 논의 진행은 같은 문제를 공유했던 동시대의 다른 철학자 의견을 듣는 것으로 이어가려고 합니다.

마지막 장에서는 아마도 서로 영향 관계에 있지는 않지만, 하이데거와 동시대 사람이었던 비트겐슈타인과 마이클 폴라니의 사상을 다루고, '제작'과 조금 겹치는 인간의 창조성 문제에 대해서 살펴보도록 하겠습니다.

제15강

비트겐슈타인과 마이클 폴라니

비트겐슈타인
[1889-1951]

마이클 폴라니
[1891-1976]

말할 수 없는 것

❋ 『논리-철학 논고』— 비트겐슈타인

비트겐슈타인(1889-1951)은 하이데거와 같은 해에 태어났습니다. 이 두 사람은 동시대 유럽의 정신 풍토 속에서 지적 자기 형성을 이룩했기 때문에, 시대에 공통되는 철학적 과제를 각각 계승했다고 상상할 수 있습니다. 하지만 비트겐슈타인은 하이데거와는 완전히 다른 독자적인 길을 걷습니다. 실제로 서로의 저작에 영향을 주고받았던 것 같은 흔적은 거의 없습니다.

그런데 비트겐슈타인 생전에 간행된 유일한 저서 『논리-철학 논고』는 다방면으로 영향을 미쳤습니다. 이 『논리-철학 논고』는 논리 명제를 전개한다는 독특한 스타일로 쓰여 있습니다. 구체적으로는 다음의 일곱 가지 근본 명제가 각각의 계로서 전개됩니다(『논리-철학 논고』, 노야 시게키 옮김, 이와나미문고에서 발췌).

1. 세계는 성립된 현상들의 총체다.
2. 성립된 현상, 즉 사실이란 모든 사태의 성립이다.
3. 사실들의 논리 그림이 사고다.
4. 사고란 뜻을 가진 명제다.
5. 명제는 요소 명제의 진리 관계다.
   (요소 명제는 자기 자신의 진리 관계다.)
6. 진리 관계의 일반적인 형식은 이렇다. [p, ξ, N (ξ))]이다.
7. 말할 수 없는 것에 대해서는 침묵해야 한다.

그리고, 예를 들어 1의 "세계는 성립된 현상의 총체다" 뒤에

1·1 세계는 사실의 총체이며, 사물의 총체가 아니다.
1·11 세계는 모든 사실에 의해서, 그리고 그것이 사실의 모든 것이라는 사실에 의해서 규정된다.
1·12 왜냐하면 사실의 총체는 무엇이 성립되어 있는지를 규정하는 동시에, 무엇이 성립되지 않았는지를 규정하기 때문이다.
1·13 논리 공간 안에 있는 모든 사실, 그것이 세계다.
1·2 세계는 모든 사실로 분해된다.
1·21 다른 모든 것의 성립·불성립을 바꾸는 일 없이, 어떤 것이 성립되고 있는 것도, 성립되지 않는 것도 있을 수 있다.

(비트겐슈타인 지음, 『논리-철학 논고』, 노야 시게키 옮김, 이와나미문고, 13쪽)

라는 형식으로 명제에서 파생한 계가 적혀 있습니다. 하지만 이것을 숫자 순서대로 읽으려고 해도, 사용된 개념이 정의되어 있는 것처럼 보이지만 결코 그렇지 않기 때문에, 일반적인 의미로의 '세계', '사실', '사물'로 봐도 될지 불안해하면서 계속 읽어가다 보면, 1·11에서 세계는 '사실의 총체'가 '규정한다'라고 갑자기 이유가 등장합니다.

이 단장 스타일의 고찰은 이 부분부터 상당히 주의를 기울여 저자의 의도를 이해해야 하는 방식으로 쓰여 있습니다. 일설에는 원래 상당히 세세한 주해가 달려 있던 것을 비트겐슈타인이 삭제했다고도 합니다. 어느 쪽이든 간에 독자에게는 고맙지 않은 이야기네요.

그런데 1·13에서 모든 사실이란 논리 공간에서 성립되는 세계라는 것을 알 수 있습니다. 논리라면, 논리 자체에는 그것이 성립되는 경우도, 성립되지 않는 경우도 있어서 어떻든 간에 사실과 그 유무와도 대응하는 것처럼 보입니다. 그리고 이후 사실과 논리의 대응에 대해서 2 아래로 논의가 개진되는데, 2·1부터 "우리는 사실의 그림을 만든다"고 사실을 묘사하는 '그림(象)' 이야기가 나오고, 게다가 3에서는 "사실의 논리 그림이 사고다"와 '논리 그림(象)'과 사고의 이야기가 나옵니다. 처음에는 논리와 사실의 대응 이야기부터 시작되는데, 나아가서는 명제와 가능성의 이야기가 발전합니다.

❊ 말할 수 없는 것

비트겐슈타인이 이렇게 인간의 논리나 사고, 시 실괴의 대응 관계를 탐구하고 있다는 점을 염두에 두면서 '그렇군, 그런 것일지도 모르겠네'라는 정도로 몸의 힘을 빼고 읽어가길 바랍니다. 일단 마지막까지 읽어나가다 보면, 마지막에 '말로 표현할 수 없는 것'이 등장합니다.

> 6·522 하지만 물론 말로 표현할 수 없는 것이 존재한다. 그것은 보여진다. 그것은 신비다.
> 6·53 말할 수 없는 것 외에는 무엇도 말하지 말 것. 말할 수 있는 것 외에는 무엇도 말하지 말 것. 자연과학의 명제 외에는—그러므로 철학과는 관계가 없는 것 외에는 무엇도 말하지 말 것. 그리고 누군가 형이상학적인 것을 말하려고 하는 사람이 있다면, 그때마다 당신은 그 명제의 이러이러한 기호에 어떠한 의미도 부여하지 않았다고 지적한다. 이것이 바로 본래의 올바른 철학 방법이다. 이 방법은 그 사람을 만족시키지 못 할 것이다.—그는 철학을 배우고 있다는 느낌이 들지 않을 것이다.—그러나 이것이야말로 유일 엄격하게 올바른 방법이다.
> 6·54 나를 이해하는 사람은 나의 명제를 빠져나와 그 위에 서고 그것을 넘어서, 마지막에 그것이 난센스인 것을 알아챈다. 그처럼 해서 나의 모든 명제는 해명을 진행한다. (말하자면, 사다리를 끝까지 오른 자는 사다리를 내던져야 한다.) 나의 모든 명제를 덮어버릴 것. 그때 세계를 올바르게 볼 것이다.

그리고 마지막의 유명한 명제에 다다릅니다.

> 7 말할 수 없는 것에 대해서는 침묵해야 한다. (같은 책, 126쪽)

전체적으로 논리와 사실의 대응을 책상에서만 탐구한다면, 완벽한 일대일 대응 관계가 있다고 가정할 수 있을지 모릅니다. 하지만 특히 인간의 관점에서 언어가 사실을 구성한다는 작용에 주목하면, 구성에 실패한 것, 그때까지의 경험에서 말할 수 없고 형용하기 어려운 것, 과거에 예가 없는 신기한 것, 또는 틀린 전제의 명제라서 답이 존재하지 않는 것 등 다양한 '말할 수 없는 것'을 반드시 맞닥뜨리게 됩니다.

물론 인간의 언어가 가진 힘은 논리뿐만 아니라 다양한 행위를 폭넓게 포함합니다. 나중에 비트겐슈타인의 영향을 받은 J.L.오스틴(1911-1960)은 언어 행위라는 개념을 제시합니다. 그 개념에서 사람은 다양한 맥락 속에서 비언어적 요소도 포함한 언어 행위의 그물코에서 일상생활을 보내고 있다는 사실을 조명합니다. 다만, 비트겐슈타인 본인은 이『논리-철학 논고』에서 이미 단순한 논리 실증주의적인 입장이 성립되지 않는다는 것을 몸소 보여주기도 합니다.

✤ 언어와 가치의 창조성으로

다양한 논리식을 포함한 논의와 함께한 독자에게 마지막의 마지막에 반전 같은 "말할 수 없는 것"이 등장합니다. 그때까지의 모든 명제와 논의는 무용한 사다리로서 그 "사다리를 끝까지 오른 자는 사다리를 내던져야 한다"라는 문장이 오기 때문입니다. 허탈한 웃음이 나올지도 모르겠네요. 실제로 저도 처음 읽었을 때는 웃음이 났습니다. 무엇보다도 여기는 시 실 재미를 목적으로 한 서술이 아니라, 아마도 비트겐슈타인 본인은 매우 진지하게 써내려 간 서술이라고 생각합니다. 그러나 상당히 진지하게 까다로운 의론을 뒤쫓아 온 독자들은 막판에 골탕 먹은 듯한 기분이 드는 것도 사실입니다.

그런데 세계를 올바르게 보기 위해서 사용했던 사다리는 내던져야 한다고 비트겐슈타인은 말하는데요, 딱히 내던지지 않아도 되지 않나라는 생각도 들고, 그 진리를 꿰뚫어 볼 수 있을 것 같은 높은 곳에서 내려올 때는 필요하지 않나라는 의문도 생겨납니다. 무엇보다 말할 수 없는 것에 대해서 "침묵해야 한다"고 합니다. 어설픈 명제를 세우는 것은 무의미하다는 의미겠지만, **말할 수 없는 것을 말하고 싶은 것이 철학자이지 않나**라고도 할 수 있지 않을까요?

실제로 앞에서 비트겐슈타인 본인도 언어 행위론에 영향을 미쳤다고 했는데, 비트겐슈타인이 생전에 남긴 원고 중에서 언어의 의미가 왜 생성되었는가 하는 문제의식 아래서 '언어게임'의 개념을 고찰하고, 말할 수 없는 문제를 한 걸음 더 나아가 탐구합니다. 이것은 『철학적 탐구』나 『확실성에 관하여』에서 전개되기도 합니다.

논리와 사실의 대응 관계는 논리를 탐구함으로써 그 나름의 대응을 발견할 수 있지만, 언어는 논리만으로 성립되지 않습니다. 게다가 논리를 성립시키려는 배경이나 근거가 애매한 상태라면 전체가 무의미해지고 맙니다(바꾸어 말해, 전통적인 철학의 문제의식도 모두 문제 수립 단계부터 무의미했던 것이라는 전통 파괴적인 문제의식도 떠오릅니다).

따라서 논리나 명제 이전에 존재하는 언어의 원시적인 형태에 되돌아가서, 명령이나 기술, 보고, 추측, 검증, 표현…… 등의 '언어게임' 분석을 진행합니다(『철학적 탐구』, 『비트겐슈타인 전집 8』, 후지모토 다카시 역, 다이슈칸서점, 1976, 32쪽). 우리는 일상생활 속에서 늘 언어를 매개로 한 응답 방식에 대한 규칙을 그때마다 정해서 게임을 거듭한다는 관점입니다. 이 **언어게임이라는 발상은 사람들의 상호 행위에 의해 상향식으로 가치가 창조되어 가는** 사상이라서, 결과적으로는 흄과 같은 영국 경험론의 흐름에 친화적입니다. 어느 쪽이든 결국 비트겐슈타인도 『논리-철학 논고』 이후, '말할 수 없는 것'에 대해서는 결코 '침묵'하지는 않았습니다.

❋ 말로 표현할 수 있는 것보다 더 많은 것 — 마이클 폴라니

지금까지 비트겐슈타인의 『논리-철학 논고』의 명제 7 "말할 수 없는 것에 대해서는 침묵해야 한다"를 분명 의식하면서 "우리는 말로 표현할 수 있는 것보다 많은 것을 알 수 있다"고 한 인물이 있는데, 바로 비트겐슈타인보다 두 살 적은 마이클 폴라니(1891-1976)입니다(『암묵적 영역』, 다카하시 이사오 옮김, 지쿠마가쿠게문고, 18쪽). 참고로 비트겐슈타인은 오스트리아 빈 출생인데, 폴라니는 같은 오스트리아-헝가리 제국의 헝가리 수도 부다페스트에서 태어났습니다.

그런데 이 두 개의 명제는 둘 다 '말할 수 없는 것'에 대해 말하고 있습니다. 다만, 비트겐슈타인이 "침묵해야 한다"라고 한 부분을 폴라니는 절대 침묵하지 않고, 이것을 '암묵지'로서 과학적 발명·발견이나 사회의 종교적인 구성 메커니즘에 걸친 광범위한 사항에 대해 사회적으로 공론회하려고 했습니다.

자신도 화학의 제일선에서 세계적 업적을 남겼고, 후에는 철학자로서도 활약했던 폴라니는 저서 『개인적 지식』(1958)에서 당시의 지배적인 과학적 사조에 대해 다음과 같이 말했습니다.

> 지배적인 과학 개념은 주관성과 객관성의 절단에 기반하고 있으며, 과학에서 그러한 열정적, 개인적, 인간적인 이론의 사정을 제거하고, 또는 적어도 무시할 수 있을 만한 조연 역할로 축소하고자 하고 있다—그리고 어떤 대가를 치르도 그렇게 하자고 할 수밖에 없는 것이다. 그것은 현대인이 지식의 이상으로서, '객관적'인 진술의 집합으로서의 자연과학이라는 개념을 설정했기 때문이다.
> (폴라니 지음, 『개인적 지식-탈비판철학을 꿈꾸며』, 나가오 시로 옮김, 하베스트사, 15쪽)

지배적인 과학주의적 사고와 그 조류를 객관적 지식으로 이해한 다음, 이것들에 대항하며 당시까지 주관적 지식에 지나지 않는다고 여겨지던 것, 즉 신념, 지적 열정, 자기 투사, 사명감, 사회의 '사교성(conviviality)'와 같은 주관적인 모든 개념에 새로운 의미를 부여합니다.

❊ 암묵지

폴라니의 개념으로 유명해진 '암묵지'는 이 맥락 속에 위치 지어졌습니다. 폴라니는 앞에서 봤다시피 "우리는 말로 표현할 수 있는 것보다 많은 것을 알 수 있다"고 말합니다. 사람은 '말할 수 없는 것'을 사실상 알고 있어서, 그것을 그것이라고 모르는 채 쓰고 있습니다. 폴라니는 사람의 얼굴을 아는 것을 예로 들며 다음과 같이 말합니다.

> 어떤 사람의 얼굴을 알고 있을 때, 우리는 그 얼굴을 천 명, 아니 백 명의 사람 속에서도 구별할 수 있다. 하지만 통상 우리는 어떻게 자신이 아는 얼굴을 구별하는지 모른다. 따라서 이러한 인지의 대부분은 말로 치환할 수 없는 것이다.
> (폴라니 지음, 『암묵적 영역』, 다카하시 이사오 옮김, 치쿠마학예문고, 18쪽)

암묵지는 인간 지성의 작용을, 그 잠재적인 가능성을 파고들어 종합적으로 다시 파악하고자 한 시도입니다. 거기에는 지금까지 과학철학에서는 제대로 다루어지지 않았던 앞에서 언급한 주관적 요소뿐만 아니라, 그 주관적 요소가 작용하는 장소로서의 개인의 신체성이나 무의식성도 포함되어 있습니다. 폴라니는 지금까지의 이성을 중심으로 한 과학만능주의에 대해 반대의견을 표명할 뿐만 아니라, 인간의 잠재적인 가능성을 충분히 살릴 수 있는 자유주의사회를 구상하고 있습니다.

> 우리 시대가 직면한 문제에 있어 계시적이라고 생각되는 것은 잠재적 사고에 몰두한 인간의 모습이다. 다양한 사고의 가능성에 깊이 빠져드는 것을 통해 우리는 자기 결정의 절대화를 피할 수 있고, 우리의 직무=천직을 둘러싼 단편적인 영역 안에서 우리 한 사람 한 사람이 창조적 독자성을 가질 수 있다. 게다가 그렇게 함으로써 우리는 각자의 '탐구자의 사회'의 형이상학직 근거나 조직원리도 얻을 수 있다.
> (같은 책, 150쪽)

그렇습니다. 공동체의 구성원이 모두 탐구자가 되는 것은 불가능하다고 할지라도, 개개인이 각자의 장소에서 창조성을 발휘할 수 있는 사회는 분명 자유롭고 열린 사회일 것입니다.

> 지금까지 나는, 우리의 창조적 시도는, 우리 인간의 기원인 생물진화에 유래하는 것이라고 말해 왔다. 이 우주적 의미의 발생이 진화를 추진하는 힘이 되는 것이다. 하지만 그 주요한 산물은 찰나의 생존으로 만족할 수 있는 식물이나 동물이었다. 인간은 영원과 관련된 목적이 필요하다. 진리는 영원과 관련된다. 우리의 이상도 영원과 관련된다. 그렇다면 그것으로 충분할지도 모른다. 만약 우리가 자신의 명백한 도덕적 결함에 만족하고, 그러한 결함을 위해서 그 운영에 치명적인 장애를 지닌 사회에 만족할 수 있다고 한다면.
>
> 어쩌면 이 문제는 세속적 지평만으로는 해결할 수 없는 것일지도 모른다. 그러나 종교적 정념이 부조리한 세계관의 압박에서 해방되었다면, 이 문제의 종교적 해결은 지금보다 현실성을 갖게 될 것이다. 그리고 부조리한 세계를 대신해 종교와 공명해 갈 가능성을 가진 유의미한 세계가 출현할 것이다. (같은 책, 151쪽)

❊ 계층을 상승시키다

인간은 창조적 독자성을 발휘하는 것을 통해서 더 상위의 실재를 지향하고 스스로 진화를 계속한다는 형이상학적 세계관이 엿보이네요. 그리고 이 진화의 열쇠가 되는 것이 암묵지입니다. 각각의 암묵지 활동을 통해서 사람이 왜 상위의 실재를 포함한 전체를 알 수 있느냐에 대해서는, 『개인적 지식』이라는 저서에서 이렇게 언급합니다.

> **우리의 '개인'성은 보편적 지향과의 동시적인 접촉에 의해서 보증되고, 후자는 우리를 초월적인 원근법 속에 두는 것이다.**
>
> (같은 책, 『개인적 지식』, 307쪽)

폴라니는 이 인용에 이어서 이것은 기독교의 '타락과 구제'라는 도식에서 빌려온 발상이라고 설명합니다. 여기서의 '보편적 지향과의 동시대적인 접촉'은 신의 은총에 해당합니다. 그리고 다른 문장을 인용합니다.

> **성경의 우주론은, 세계는 존재하며 인간은 거기에서 창발했다는 사실의 의의를—아무리 부적절하더라도—표현하고 있다는 것에 비해, 과학의 도식은 세계의 의미를 완전히 부인하고, 오히려 이 세계에 대한 우리의 가장 사활과 관련된 경험을 무시하기까지 하기 때문이다. 세계는 어떠한 의미를 가지며 그 의미는 세계 안에서 유일, 도덕적으로 책임 있는 존재로서의 우리의 천직과 이어져 있다는 가설은, 우주의 기독교적 해석이 탐구하고 전개하는 경험의 초자연적 측면에서의 중요한 일례다.**
>
> (같은 책, 268쪽)

여러 번역서에서 채택하고 있는 폴라니의 calling의 번역어 '천직'이 저에게는 획 와닿지 않기 때문에 제 맘대로 '사명'이라고 바꾸어 읽도록 하고, 이 인용에 나오는 '가설'도 assumption의 번역어로서는 '설정' 정도여도 괜찮지 않나 생각합니다. 어쨌든 여기에서 말하고 싶은 바는, **"세계에 생을 부여받은 인간은 무의미한 존재가 아니다. 인간에게는 세계에 대해 도덕적 책임을 다해야 하는 사명이 부여되어 있다"**라는 것입니다. 이 기술에는 폴라니의 기독교 사상가로서의 일면이 드러납니다. 이를 잇는 다음 대목은 가정에 대한 이야기인데, 저자는 진심입니다.

> 우리는 연속적으로 단계를 쫓아가다 보면, 진화의 과학적 연구에서 출발해 신에게로 향하는 실마리로서의 그것에 대한 해석에까지 도달할 수 있다.
>
> 기독교는 전진적인 기획이다. 우리가 넓게 열린 원근법으로 본다면, 종교적 신념의 전망도 새로이 개척할 수 있을 것이다. 성경, 그리고 특히 성 바울의 교의는 여전히 아직 엿보지 못한 교훈으로 가득 차 있을지도 모르며, 현대적 사고의 더 큰 정밀함과 더 자각적인 유연함이—이것은 현대의 신물리학과 논리적-철학적 운동으로 제시되고 있다—이윽고 개념적 개혁을 낳아서 현대의 종교 외의 경험에 기반해 인간의 신으로의 관계를 혁신하고 설명해 준다고도 생각할 수 있다. 종교적 대발견의 한 시대가 펼쳐질지도 모른다.
>
> (같은 책, 268쪽)

❋ 성경적 세계관 혹은 진화 사상

여기서는 암묵지를 통해서 보편적 지향과 접촉하고, 계층을 상승시켜 신에게 이르고자 하는 허버트 스펜서의 진화론 사상을 이은 베르그송이 전개했던 종교 진화론적 세계관의 영향을 확인할 수 있습니다. 물론 보기에 따라서는 불경하다고도 할 수 있는 종교적 사상도 함께요. 실제로 폴라니의 평가 중에, 그를 헤겔주의라고 보는 연구자도 있는데, 확실히 그 말도 일리가 있습니다. 헤겔도 개인적으로는 신실한 기독교 신도였음에도 불구하고, 키르케고르가 봤을 때, 신을 모독하는 이론을 주장한다고 비판받았습니다. 폴라니도 결과적으로 그러한 부분은 헤겔과 같습니다. 아무리 조심스럽게 보더라도 형이상학적 사상인 것은 부정할 수 없습니다.

그런데 이처럼 폴라니가 직접적으로 기독교 신앙을 다루었던 부분이 있는데, 저자에게는 죄송하지만, 이 책을 처음 읽었을 때는 그 의미를 이해하지 못했다기보다는 그 기술을 없었던 것으로 치부하고 의식 밖으로 날려버렸습니다. 제가 학생이던 시절에는 전형적인 무종교적인 일본인이었기 때문에 기독교 신앙 부분을 이해하기가 어려웠습니다. 그 당시에도 폴라니는 베르그송과 비슷하다는 의견이 있었기 때문에 머리 한구석에는 남아 있긴 했지만요.

그러나 그 후, 철학과 기독교의 밀접한 관계에 대해서, 이 관계를 무시해서는 서양 사상을 이해할 수 없다는 사실을, 특히 헝가리 유학 중에 뼈저리게 느끼며 성경적 세계관을 처음부터 배워갔습니다. 그리고 드디어 이러한 기술이 무엇을 말하는지를 꽤 알게 되었습니다.

다만, 폴라니 자신도 젊었을 적에는 갈릴레이 서클의 1908년 결성 멤버였습니다. 그 당시에는 서클의 공통 이해 사항이 과학적 실증주의로 반종교적 경향이 있었으므로, 훗날 이러한 주장을 하게 될 줄은 본인도 상상도 못 했을 것입니다.

폴라니가 부다페스트대학과 갈릴레오 서클에 들어갔을 무렵의 헝가리는 영국의 허버트 스펜서의 영향 아래 결성된 사회과학협회를 중심으로 젊은 연구자들이 다양한 언론 활동은 물론, 그중 일부는 시민급진파의 정치 활동을 시작했습니다. 갈릴레이 서클의 결성도 그러한 시대의 움직임에 함께한 것이지요.

이러한 시대 배경은 폴라니의 청년 시절 지적 자기 형성에 적잖은 영향을 끼쳤으리라 생각됩니다. 게다가 그의 전기 자료에 따르면, 폴라니 자신은 1913년 도스토옙스키의 『카라마조프가의 형제들』을 읽은 후, 기독교에 관심을 갖게 되었으며, 1919년에 천주교 세례를 받았다고 합니다.

❋ 언어와 사실의 괴리와 포스트모더니즘

그런데 말할 수 없는 것에 대해서 침묵해야 한다고 말하면서도 일상생활의 가치 창조에 대해 의외로 장황한 언어게임론을 구상했던 비트겐슈타인과, 말할 수 없는 암묵지를 핵심 개념으로 인간의 창발을 탐구했던 폴라니는 각자의 방향성은 다르지만, 둘 모두 언어와 사실이 일대일 대응하지 않는 부분과 인간의 창조성을 의식하는 부분에서 출발했습니다. 이 언어와 사실의 괴리와 언어를 둘러싼 논의로의 새로운 주목은 20세기 후반 이후 프랑스 현대 사상에서도 중심적인 주제로 부상합니다.

프랑스의 포스트모더니즘 사상가들도 출발점은 언어와 사실의 괴리인데, 언어는 사물과의 관계에서 더 이상 고정적인 의미를 가질 수 없다는 가치 상대주의적 전제를 취하고 있습니다. 그 발상의 근간은 니체의 니힐리즘인데, 표면적으로는 마르크스와 하이데거, 혹은 프로이트의 사상이 영향을 끼쳤습니다. 그러나 논의 전개 방식이 솔직하진 않습니다. 특히, 시류에 편승해 스타가 되어 버린 현대 프랑스 사상계 인물들의 경우, 사고방식이 철학자도 연구자도 아니고, 대중 모으기에 혈안인 아티스트에 가깝습니다. 한 번 읽어서는 의미를 알 수 없지만, 권위나 권력에 얽매이지 않는 밝고 자유로운 허무주의의 분위기는 느끼길 바라는 그들의 메시지는 신나고 경쾌한 시대의 분위기와 잘 맞았습니다.

실제로 포스트모더니즘 풍의 난해한 스타일로 의도적으로 알맹이 없는 내용이 쓰인 논문이 학술 저널에 실렸던, 이른바 '소칼 사건'이 벌어졌지요. 그들이 지적으로 깊이도 없고 신뢰할 수 없다는 사실을 알게 됩니다. 이 사건의 경위는 앨런 소칼, 장 브리크몽이 쓴 『지적 사기-포스트모던 사상가들은 과학을 어떻게 남용했는가』를 참고하길 바랍니다. "라캉, 줄리아 크리스테바, 장 보드리야르, 들뢰즈의 저작에서 볼 수 있는 과학적 엄밀성에 대한 무관심한 태도는 1970년대 프랑스에서는 부정할 수 없는 성공을 거두었고, 그 영향은 오늘날에도 지대하다"(같은 책, 306쪽).

실제로 포스트모던의 사상가들이 자기도 모르는 용어를 사용해 의미를 해석할 수 없게 하는 풍조가 있었습니다. 이전에 다른 책에도 썼던 말인데, 일찍이 영국의 철학자 존 설이 친구인 미셸 푸코에게 "자네는 말로 하면 알기 쉬운데, 왜 그렇게 글만 쓰면 모호하게 쓰나?"라고 묻자, 푸코가 "프랑스에서는 적어도 10% 정도는 의미를 알 수 없게 써야 한다네. 그렇지 않으면 단순하고 유치하다고 보지. 사람들은 진지하게 이해하려 하지도 않고, 깊이가 없다고 생각하네"라고 대답했다고 합니다. 이어서 말하자면, 나중에 이 대화를 들은 사회학자인 피에르 부르디외는 "푸코의 말은 절대적으로 맞지만, 10%가 아니다. 이해 불능 정도가 아니면, 프랑스 사람들은 진지하게 상대하려 하지 않는다"라고 말했습니다(Faigenbaum, Gustavo. (2003). Conversations with John Searle, LibrosEnRed, 162). 흠, 포스트모더니즘 사상을 담은 책이 어려운 이유를 알겠네요.

제가 학생 시절에 프랑스어를 공부하면서까지 원서의 독해에 골몰했던 포스트모던의 사상가들에게도 나름의 깊은 생각이 있었을 테지요. 하지만 이렇게 대략적인 철학의 흐름에서 보면, 철학적인 내용에서 예외란 드물다고는 하나, 그들의 내용에는 새로운 것이 거의 없었던 것을 새삼스럽게 깨닫습니다.

어쨌든 저에게는 20세기 프랑스 철학에서 베르그송과 알랭과 시몬 베유만 있으면 충분합니다. 물론 프랑스를 벗어나서도 다양하고 흥미로운 철학자들이 많지요. 그 사람들에 대해서도 다루어보고 싶네요.

나가며

 이 책은 대학에서 이루어지는 원전을 읽는 연습 형식의 수업을 상상하면서 썼습니다. 각 장에서 철학 명저의 한 대목을 다룬 이유는 철학자들이 구체적으로 무엇을 어떻게 말했는지를 조금이라도 직접 접해보길 바랐기 때문입니다. 원전의 근거를 표기하지 않고 철학자의 사상을 백과사전식으로 요약해 이어 붙이기만 한 책을 쓰고 싶지 않았던 탓도 있습니다. 하지만 무엇보다 선철이 사유해 온 문제를 독서라는 행위를 통해서 공유하고 싶었습니다.

 난해한 문장을 원어 한 글자 한 구절 고심해 가면서 읽어 가는 연습 형식의 수업은 한 시간에 한 쪽도 나가지 못 할 때도 있어서, 독서 행위로서는 상당히 비효율적으로 보입니다. 그러나 대화적 사고의 훈련장으로서는 손쉽게 얻을 수 없는 장점이 있습니다. 수업 중에는 원문의 해석을 두고 다양한 의견을 자주 주고받는데, 이러한 수업은 저서나 논문에는 쓰여 있지 않은 스승의 본심을 들을 수 있는 귀중한 시간이기도 합니다.

 제 철학 은사님 두 분에 대해 이야기하자면, 그분들은 수업 중에 학생들을 같은 철학 문제를 연구하는 동료로 대해주었습니다. 그리고 학생 개개인의 문제와 관심사에도 늘 흥미를 보이셨지요. 대화하려는 자세는 고대 그리스 이후 철학의 기본이라는 것을 몸소 보여주었습니다.

 적어도 여러분에게 이 책이 지루해하지 않으면 좋겠네요. 조금 더 욕심을 내자면, 여러분이 더욱 철학서를 즐길 수 있는 원전 강독 연습 수업이 되었길 바랍니다.

※

수년에 한 번씩 졸저를 간행할 때마다 추신에서 은사님과 선배들을 위한 추모의 글을 쓰는 일이 늘어간다고 생각하던 사이, 어느샌가 저 또한 순조롭게 고령자 모임에 들게 되었습니다. 지금까지 많은 가르침과 도움을 받았던 선생님들의 학은에 보답할 정도의 일은 아직도 하지 못 했는데, 이 책이 작게나마 보은이 된다면 다행이겠습니다.

2025년 1월

미토마 다미오

저자 약력

미토마 다미오(三苫民雄)

1958년 후쿠오카시 출생
1982년 메이지대학교 법학부 법률학과 졸업
1984년 메이지대학교 대학원 법학연구원과 박사 전기과정 수료
1987~1990년 헝가리 정부 국비 유학
1990년 외트뵈시로란드대학교 박사호(사회학) 취득
1991년 메이지대학교 대학원 법학연구과 박사후기 과정 만기 퇴학
1991~1993년 일본학술진흥회 특별연구원(PD)
메이지대학교 2부법학부 비상근강사, 나고야법경정보전문학교 홋타교 교사, 긴키대학교 통신교육 비상근강사
현재 아이치산업대학 단기대학교 통신교육부 국제커뮤니케이션학과 교수

연구 분야

법철학, 법사상사, 사회학, 사회심리학

저서

『사람과 사람들-규범의 사회학(人と人びと-規範の社会学)』, 이시즈에, 2003년
『행정법-쿠로네코 기업 이야기(行政法-クロネコ企業物語)』, 콘포자즈아카이브, 2005년
『법과 도덕-정의의 소재(法と道徳-正義のありか)』, 일본출판제작센터, 2009년
『사람들의 형태-비교문화론 12강(人びとのかたち-比較文化論十二講)』, 후쿠로출판, 2011년
『권력의 사회학-힘이 탄생하는 순간(権力の社会学—力が生まれるとき)』, 후쿠로출판, 2012년
『가치와 진실-헝가리 법사상사 1888-1979년(価値と真実—ハンガリー法思想史1888-1979年)』, 신잔사, 2013년
『실수의 효용-창조적인 사회를 향해서(間違いの効用-創造的な社会へ向けて)』, 후쿠로출판, 2015년
『역사의 철학, 철학의 역사(歴史の哲学,哲学の歴史)』, 중부일본교육문화회, 2017년
Law, Rights and Social Values in Japan and Hungary, edited by Tamio MITOMA and Jenő SZMODIS CNKB, 2019
Progress and Justice: Globality and Locality from the Aspect of the World and the Individium, edited by Tamio MITOMA and Jenő SZMODIS, NARUMI Publishing Co., Ltd.2023